JN044750

モルドバ大使からの報告

国際交流分野を志す若者の皆さんへ

片山芳宏
Katayama Yoshihiro

Report from the Japanese Ambassador to Moldova

はじめに

国際交流の分野で活躍することを志している皆さんへ

私は、外交官としてさまざまな外交の現場で仕事をしてきました。次々と現れる課題に真摯に取り組み続け、たくさんの充実感も得てきました。そして、最後に駐在したモルドバ共和国では、隣国ウクライナにロシアが侵攻したことを受けて、多数の避難民が押し寄せるという歴史に残る日々の中で、日本大使としての責任を果たすべく奮闘しました。そんな私の経験が、国際交流の分野で活躍することを目指す皆さんの参考になるのではないかと考え、一冊の本にまとめることを決めました。

私が日本大使としてモルドバ共和国に着任したのは2020年2月でしたが、新型コロナウイルス感染症感染拡大を受けて、同国政府は翌3月に緊急事態宣言を出しました。さらにその2年後の2022年2月には、ロシア軍がウクライナへの侵攻を開始し、隣国モルドバにも多数の避難民が流入しました。第1章ではまず、こうした状況の中でモルドバ大使の責任を果たすべく奮闘した3年間の私の活動を報告しています。

私は外務省で働いた43年のうち、約30年間を東欧（ルーマニア、ウクライナ、モルドバ）、北米（カナダ、アメリカ）およびアフリカ（ケニア）での海外駐在で過ごしました。外交官には日々の勉強と鍛錬が求められますが、難題を克服した時の達成感は大きなものです。第2章から第4章では、そんな外交の現場を私自身の体験を中心に説明しています。

さらに、外交官としての仕事を通じて、国際社会で活躍する多くの日本人の方々と一緒にいろいろな活動に従事する機会を得ました。開発途上国での開発援助、国際機関によるさまざまな取り組み、各種の人道支援、文化・芸術分野での交流行事、あるいは科学技術や医療分野の専門家の皆さんによる地道な努力など、技能と情熱を持ったたくさんの方々が世界の隅々で優れた活動を続け、多大な貢献をしています。このような人たちの活躍も併せて紹介しています。

その上で、将来的に国際交流分野での活動を志す大学生や高校生の皆さんを思い浮かべながら、私の願いやアドバイスなどを随所に記しました。この本が、国際社会での活躍を目指す若い世代の方々にとってわずかでも参考になれば幸いです。

なお、本書はモルドバ大使在任中だった私が、2020年8月から2022年3月まで現地で執筆し、「モルドバ大使からの報告」と題して中国新聞SELECTに連載したコラム集を土台に、新たな原稿を書き加えたものであることを付言しておきます（肩書などは、いずれも当時）。

目次

駐モルドバ日本大使として——全力で取り組んだ日々

隣国ウクライナへの祈りと支援

第2章 外務省入省から新米外交官へ

第3章 ケニア単身赴任時代

本書で登場する主要な地域

■ヨーロッパ

スウェーデン
フィンランド
ノルウェー
エストニア
ロシア
ラトビア
デンマーク
カリーニングラード（ロシア）
リトアニア
ベラルーシ
オランダ
ポーランド
ドイツ
ベルギー
ルクセンブルク
チェコ
モルドバ
ウクライナ
スロバキア
フランス
オーストリア
ハンガリー
スイス
スロベニア
ルーマニア
クロアチア
キシナウ
ボスニア・ヘルツェゴビナ
セルビア
イタリア
モナコ
モンテネグロ
コソボ
ブルガリア
アルバニア
北マケドニア
ギリシャ
トルコ
マルタ
キプロス
シリア
レバノン
イスラエル
ヨルダン

■アフリカ

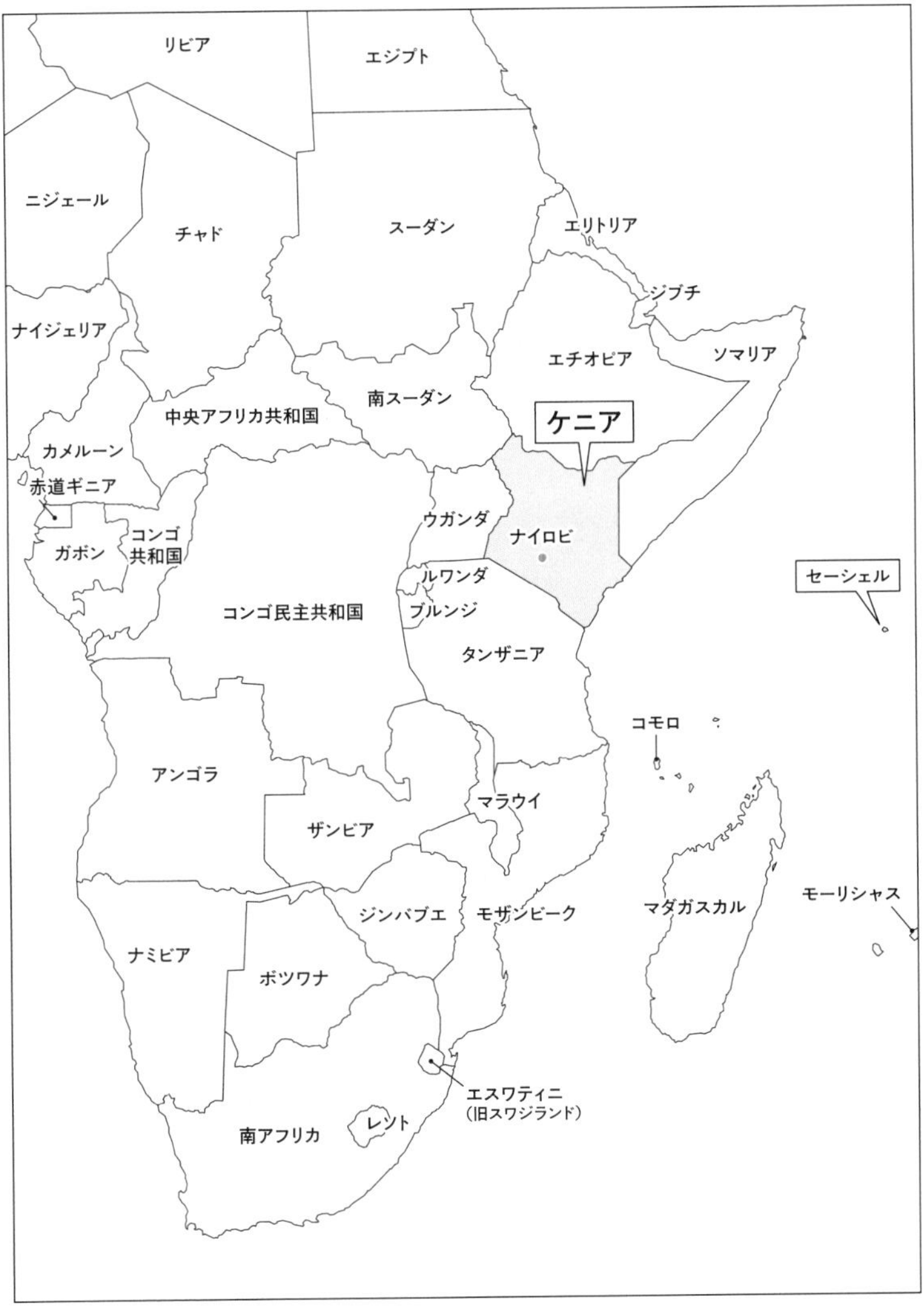
リビア
エジプト
ニジェール
チャド
スーダン
エリトリア
ジブチ
ナイジェリア
エチオピア
ソマリア
南スーダン
中央アフリカ共和国
ケニア
カメルーン
赤道ギニア
ウガンダ
ナイロビ
コンゴ
共和国
ガボン
ルワンダ
セーシェル
ブルンジ
コンゴ民主共和国
タンザニア
コモロ
アンゴラ
マラウイ
ザンビア
モーリシャス
ジンバブエ
モザンビーク
マダガスカル
ナミビア
ボツワナ
エスワティニ
(旧スワジランド)
レソト
南アフリカ

第1章

駐モルドバ大使としての奮闘

2020年1月に辞令交付を受けた私は、
翌2月、日本大使として
モルドバ共和国の首都キシナウに着任しました。
この章ではモルドバ共和国の紹介に加えて、
勤務開始直後から広がったコロナ禍での活動や
隣国ウクライナから多数の避難民の流入が始まるという
厳しい環境の中で、大使の責務を果たすべく
私が挑んだ活動の一部を報告します。

モルドバ共和国を紹介します①

モルドバ共和国をご存じですか？

美味ワイン 世界に輸出

海外で働く私たち外交官の第一歩は、駐在する国のことをよく知ることです。2020年2月に私が大使として着任した、純朴で優しい人々の住む美しい国、モルドバ共和国をご紹介します。

2020年2月、モルドバ共和国の大使に着任しました。モルドバは、ウクライナとルーマニアに挟まれる東欧の内陸部に位置します。国土の大半は小高い丘と森林が続く丘陵地帯で、九州よりやや小さい広さです。そこに約260万人が暮らしています。国民の7割以上をルーマニア系の人々が占め、他にウクライナ系やロシ

首都キシナウの市庁舎。国旗がたなびく（2020年8月）

ア系、さらには南部地域のトルコ系などの人々も住んでいます。公用語はルーマニア語ですが、第二次世界大戦後に旧ソ連を構成する一地域となったこともあり、ロシア語も広く話されます。明るく親切な国民性です。

特筆すべきはワイン造りです。5000年以上前から始められ、古代から欧州の王侯貴族たちにも親しまれてきたとも言われています。国内総生産（GDP）の3％前後を占める大事な産業で、生産量の約90％が日本を含めた外国に輸出されています。ちなみに、首都キシナウの郊外に位置するワインセラー「ミレシティ・

ミチ」は全長約２００㎞に及ぶ地下貯蔵庫です。ギネスブックにも世界最長のワインセラーと認定されています。広大な地下を車で回るツアーに私も参加し、その巨大さに圧倒されました。ツアーの最後に待っていたのは、大理石に囲まれた応接室でのワインの試飲。サラミやチーズなどと共に、いくつものおいしいワインを堪能して再び圧倒され、幸せな気持ちになりました。

さて、大使としての私の仕事は、さまざまな分野で日本とモルドバとの交流を広げていくためのお手伝いを

世界最長のワインセラー「ミレシティ・ミチ」。車で回る壮大な規模に圧倒される（2020年8月）

することです。モルドバの人たちは、これまでに日本政府が供与してきた農業や医療分野などでの経済援助を高く評価しています。今後は通商や投資分野、あるいは観光、文化交流なども双方向で拡大していくよう、尽力していく所存です。

日本からの支援に感謝し、日本文化に関心を持つ純朴で心温かい人々が、ここモルドバにいます。そして、どのボトルを飲んでも、ワインは最高に美味です。次に欧州を旅する際には、ぜひモルドバまでおいでください！

モルドバ共和国を紹介します②

春の喜びを奪ったコロナ禍

季節告げる贈り物の風習

コロナ感染を巡る情勢が悪化した2020年春のキシナウ。
私たち日本大使館員は、日本の方々の支援に、
そして、モルドバへの緊急医療機材供与などのため、全力を尽くしました。
来年にはみんなでマルツィショールを喜び合えることを信じながら……。

冬場の東欧で最も寒い期間には、モルドバ共和国の首都キシナウも根雪で覆われます。人々は、厳しい冬が通り過ぎるのを静かに待ちます。

そんな中、誰もが心待ちにする「マルツィショール（Mărțișor）」は、モルドバやルーマニアに伝わる、春の訪れを祝う風習です。2月末頃から3月に入ると、互い

露店に並ぶマルツィショールのプレゼント（2020年3月）

に簡単なプレゼントを贈り合います。そんな小さな飾り物を衣服に身に着けて歩く人も目立ち、暖かい季節の到来を喜びます。

この時季には、キシナウでも手作りの装飾品を売る露店が並びます。春を迎えることへの期待と開放感が街全体に満ちあふれるのです。

しかし、今年はマルツィショールの時季を新型コロナウイルス感染症が襲いました。これまではごく普通と考えられていたさまざまな生活様式が急変。3月17日に発出された緊急事態宣言に伴う規制措置によって、人々の交流も

新型コロナウイルス感染症の感染拡大防止のため、公園の利用も制限された(2020年3月)

経済活動も、さらには学校や幼稚園などの利用も厳しく制限されました。

毎年、この時季には寒い日々が過ぎ去って、キシナウ市内の公園ではきれいな花々が咲き誇り、モルドバの人々の心も和んでいくのですが、この規制措置の導入後は公園や学校などの公共の場に3人以上で一緒に入ることさえも禁止され、多くの人が春の訪れを感じる機会を失ってしまいました。この宣言は60日間を対象に出されましたが、モルドバ国内の感染者数はその後も高水準で推移したため、大半の規制措置が長期にわ

コロナ禍の影響か、街角で花や野菜を売るお年寄りの姿も増えたようにみえる
（ロマン・ルィバレオフ氏提供）（2020年３月）

たって続くことになりました。

そして、残念ながらモルドバでもやはり、コロナ禍の影響を最も受けたのが、社会的に弱い立場の人たちだと言われています。大使館に近い中央市場も長期間にわたり閉鎖されたためでしょうか、ほんのわずかな野菜や果物などを街角で売るお年寄りたちが増えたように感じました。

コロナ感染を巡る情勢が日々悪化する中、日本大使館は、モルドバや近隣諸国政府による規制措置などに関する情報を収集。航空便の運航状況なども日々確認し、緊急退避のための一時帰国などを希望する日本人のお手伝いを続けました。また、日本政府はこれまでも農業や医療をはじめとしたさまざまな分野での経済援助を通じて、モルドバの経済・社会発展を後押ししていますが、現在は再び、医療機材などの供与も進めています。

キシナウは、明るい雰囲気の中に壮麗な歴史的建造物が立ち並ぶ美しい街です。来年以降のマルツィショールの時季にはコロナ禍から脱して真の春を迎え、暖かい季節の到来をみんなで喜び合えることを祈るばかりです。

モルドバ共和国を紹介します③

クリスマスは2回ある？

正教の聖夜彩る歌や食

モルドバには、長い歴史の中で培われてきた文化的な遺産が多く残っています。クリスマスの季節に見られる歌や踊り、そして豊かな食事。そうしたモルドバ文化の一端をここでご紹介します。

欧州の12月はクリスマスを祝う季節です。街にはさまざまな飾り付けがあふれます。各地の歴史や文化に基づいた独特の風習、過ごし方が見られます。実はモルドバでは、公式にクリスマスと認められた日が２日あります。12月25日と１月７日です。一体どういうことでしょうか？

まず、モルドバでは国民の多くが正教を信仰していますが、正教はギリシャ正教とも呼ばれるように、旧ローマ帝国の東方地域を中心に広がった宗派で、カトリック教会やプロテスタント教会と並ぶキリスト教三大宗派の一つとも言われます。そして、ロシアやウクライナなどと同じく、モルドバの人々にとっても1月7日が伝統的なクリスマスで、前日6日の夜から7日にかけて行われる夜間の礼拝に大勢が参加して、キリストの誕生を祝います。一方の12月25日は、2009年になって初め

巨大なツリーなどクリスマスの飾り付けでにぎわう首都キシナウ市内中央広場
（スプートニク社ミロスラフ・ロタリ記者提供）

て公式にクリスマスとして祝日になりました。これは、欧米諸国などとの間で各種の交流が格段に高まったことを受けて決定されたものと聞いています。

さて、今回はモルドバの人々が昔からお祝いしてきた1月7日のクリスマスを彩る風習を二つ紹介します。一つは、キリストの誕生を歌で知らせるというもので、歌は「コリンダ」と呼ばれます。お隣のルーマニアでも同様に見られる風習ですが、その歌詞やメロディーには各地それぞれの特色があります。前日6日、民族

コリンダを歌いながら家々を巡る人たち（スプートニク社アレキサンダー・ガルペリン記者提供）

衣装をまとった子どもや親たちが星の形をした飾りを掲げ、町や村の家々を回って歌い、それぞれの家庭でその年の健康や繁栄を祈ります。コリンダを歌い終えた子どもたちには、家庭側から感謝のしるしとして、お菓子やわずかばかりのお小遣いが与えられます。

風習はもう一つ。クリスマス当日の7日は家族が集まり、お母さんたちが腕によりをかけたごちそうを食べます。西欧諸国などに出稼ぎ中の親戚たちも多くが帰省するそうです。宗教的な意味合いも含めて、この日までの数週間ほどは肉や乳製品などを口にしない人も多くいますが、7日の晩餐《ばんさん》でその制約からようやく解放され、特に豚肉を使った料理を楽しみます。郷土料理として知られる、豚のひき肉とご飯を混ぜ、キャベツに包んで煮込んだ「サルマーレ」も欠かせません。モルドバ特産のおいしい赤ワインもたくさん飲みます。こうして新たな年が始まるのです。

年の初めに家族が集まってごちそうを囲み、全員の健康と幸せを祈ること。日本とモルドバは遠く離れ、歴史や文化も大きく異なりますが、新たな年を迎えた気持ちは同じと言えそうです。新しい一年、世界中の誰もが幸せになれますように！

「サルマーレ」(左下)など、新年を祝うごちそう

モルドバ共和国を紹介します④

特別な時間

家族の絆を温める モルドバ人のクリスマス

アメリカ・ニューヨークの華やかなイルミネーション、ケニアの温かいクリスマス、ザンジバル島(タンザニア)で目にした独自の文化など、世界各地の表情は多様です。ここモルドバのクリスマスは正教のお祝い。そして何よりも、家族が年に一度集い、絆を温め合う、とても大切な季節なのです。

30年以上の海外駐在経験を通じて、さまざまな文化や習慣を体験してきたことを幸運と感じています。特にクリスマスの季節は、宗教や文化によって、それぞれの国で独特の飾り付けや祝い方があり、とても興味深いものです。例えば、1997年夏から4年間駐在したアメリカ・ニューヨーク。毎年11月には市内のデコレーションが始まり、12月になるとクリスマス一色に染まります。五番街に近いロックフェラー・センターでの巨大なクリスマスツリーの点灯式は特に有名ですが、街のいたるところにきらびやかなイルミネーションが広がり、クリスマスの買い物をする人々で街はあふれます。

２０１６年7月から3年半駐在したケニアの人々にとっても、クリスマスは年に一度の大切なイベント。12月に入ると、首都ナイロビの街も色づきはじめ、20日頃からは寮生活の学生達はもちろん、中央官庁で働

首都キシナウの冬景色。右奥がモルドバ正教の大聖堂（2021年1月）

ザンジバル島の国立大でアリ・ムーサ名誉教授（左）から1日4時間、スワヒリ語を習う筆者（2018年1月）

く人達も多くが帰省します。ちなみに、赤道直下で標高約1800メートルのナイロビの気温は12月でも平均20度前後なので、雪だるまもホワイトクリスマスもない、暖かいクリスマスです。

ケニア着任から1年半が経った2018年1月上旬、東アフリカ諸国の中で最もスワヒリ語がきれいだと言われるタンザニアのザンジバル島で、2週間の語学コースに参加しました。この島にもクリスマスの余韻が残っており、旧市街の街並みや伝統音楽など、長い歴史の中で育まれた独特の文化に触れ、素晴らしい体験をしました。

このように、12月は世界各地で宗教、文

化や習慣にちなみ、さまざまな飾り付けや料理などを用意してクリスマスを祝います。ただ、家族みんなで過ごすという点は、世界共通ではないでしょうか？

さて、私が日本大使として3年間駐在したモルドバの人々にとって、クリスマスには特別な意味があります。この国の人口は260万人ほどですが、高給を求めて隣国ルーマニアや西欧諸国などに出稼ぎに出ている人々は50万人とも80万人とも言われます。例えば、イタリアでは介護職などを中心に、20万人近いモルドバ人女性が働いているそうです。大学卒業後直ちに外国で就労する若者、そして、両親共に出稼ぎのため、祖父母などに育てられている子どもも非常に多いと聞きます。

モルドバ国民の大半が信仰する正教では、1月7日の正教降誕祭がクリスマスです。この日を前に、多数のモルドバ人が出稼ぎ先の国々から祖国に戻ります。ニューヨークのような華やかな飾り付けなどはありませんが、出稼ぎという経済事情により離ればなれに暮らしている家族全員が集い、その絆を温め合う、年に一度のとても大切な機会。もう少しで、この特別な時間がモルドバの人々に訪れます。

駐モルドバ日本大使として——全力で取り組んだ日々①

私とモルドバ共和国

東西冷戦時代に抱いた「片想い」から40年後の大使就任

1980年に外務省入省後、霞が関での実務経験を経て、1981年7月からいよいよ2年間の語学研修です。生まれて初めての海外生活は当時社会主義国だったルーマニアの首都ブカレストで始まり、目に映る何もかもが興味深い毎日でした。

実は、その頃から私が気になっていた場所がもう一つありました。それが「モルダビア・ソビエト社会主義共和国」、現在のモルドバ共和国がソ連の一部だった頃の名称です。第二次世界大戦以前にはルーマニアの一部であった地域を土台とするこの共和国でも、同じルーマニア語が話されている……。一体どのような国土にどんな人々が住んでいるのかに大きな関心がありました。しかし、いわゆる東西冷戦時代のソ連国内で、西側外交官が自由に行動することは困難だったので、「もう一つのルーマニア語の国」を訪ねることは叶わぬ夢と感じていました。

さて、語学研修を皮切りに私が外交官としての活動を始めた１９８０年代以降を思い起こす時、歴史の変動に驚いてしまいます。１９８９年12月にチャウシェスク大統領の社会主義独裁体制が倒れたルーマニアは、国際社会の変化の中で諸改革を進めてきた結果、今では北大西洋条約機構（ＮＡＴＯ）と欧州連合（ＥＵ）の一員となっています。

歴史の変化はソ連でも続きました。１９８０年代後半から始まったペレストロイカと呼ばれる諸改革の中で民族主義的運動が起こり、最終的にはソ連の崩壊に至りました。モルダビア・ソビエト社会主義共和国は、１９９０年５月23日に国名を「モルドバ共和国」に変更した後、１９９１年８月27日に独立宣言を発表しました。さらに、翌年の１９９２年３月２日には国連加盟国として承認され、同年３月16日には日本との間で外交関係が樹立されました。私が20代の語学研修生だった頃から、いつか自分の目で見てみたいと夢に描いていた場所が、ソ連解体後に「モルドバ共和

いわゆる未承認国家として知られる、アブハジア自治共和国、ナゴルノ・カラバフ共和国、沿ドニエストル・モルドバ共和国、及び、南オセチア共和国が各々の国旗としている旗（左から右へ）。これら4地域は相互を「独立国」と認めている（2022年10月。「沿ドニエストル・モルドバ共和国」が自らの首都と主張するティラスポル市）

国」という独立国になったのでした！

他方、モルドバ共和国の独立宣言の後、国内では困難な状況も発生しました。ウクライナ系やロシア系住民も多いニストル川左岸のトランスニストリア（ルーマニア語で「ニストル川の向こう側」の意）地域は1990年9月に「分離独立」を宣言し、1992年5月にはモルドバ中央政府との間で武力衝突が発生したのです。戦闘は約3か月で収まったものの、30年後の現在も対立関係は続き、同地域は自らを「沿ドニエストル（ロシア語で「ドニエストル川に沿った（地域）」の意）・モルドバ共和国」と称しています。ただし、同地域を国家として承認している国連加盟国はありません。

日本政府がモルドバとの間で外交関係を樹立した後、当初はモスクワの在ロシア日本大使館が対モルドバ関係を担当していましたが、その後はキーウの日本大使館が二国間関係に従事することになりました。２００４年７月、私はそのウクライナに経済・経済協力担当参事官として赴任し、初めてモルドバも担当することになりました。ただ、その年、ウクライナではオレンジ革命と呼ばれ

ティラスポル市内の様子。今も旧ソ連を思い起こさせる雰囲気が漂う（2022年10月）

る民主化運動も続くなど、大使館の仕事が忙しく、モルドバに出張する機会はありませんでした。

私が初めてこの国を訪れたのは2005年の3月でした。モルドバが議会選挙を行うに際して、欧州安全保障協力機構（OSCE）が300余名から成る選挙監視団を組織することを決定。これを受けて、日本政府も2名の監視員を派遣することを決め、日本からは六鹿茂夫静岡県立大学教授（当時）が向かい、在ウクライナ日本大使館からは私が参加することとなりました。長年待ち望んでいたモルドバ訪問、私は陸路でキーウを出発しました。オデーサを経由し、トランスニストリア地域を横断して、ニストル川を渡った後に現れてきた建物などの看板などに「Vulcanizare（パンク修理）」、「Frizerie（散髪屋）」、「Alimentara（食料品店）」等のルーマニア語の単語が見えて、若い頃に抱いていた夢がついに実現して胸が熱くなったことを今でもしっかりと覚えています。自身の目で初めて見た首都キシナウは、緑豊かな明るい街並みで直ちに気に入りました。

この時以来、ウクライナ駐在期間中に、私は年に数回、モルドバに出張する機会がありました。この国の人々と社会、そして自然や料理などとの出合いが毎回とても楽しみだったことは言うまでもありません。

さらに時は流れて２０１９年秋、ケニアに駐在していた私に、外務本省の人事当局から連絡がありました。「大使としてモルドバに駐在してもらいます」翌２０２０年１月に辞令を受け、名誉とともに大きな責任を感じながら、２月半ばに首都キシナウに着任。東西冷戦時代に抱いていた片想いが40年の年月を経て、駐モルドバ大使就任という形で実ったのでした。

駐モルドバ日本大使として——全力で取り組んだ日々②

外交を支える公邸料理人

客人の食習慣、味な対応

駐在国の政府要人や各分野の専門家達を日本大使公邸での会食に招待することは、外交官としての人脈を広げ、新聞やテレビなどを含めた各種メディアでは報道されない貴重な情報を得る上で重要な活動です。そのような場所で大活躍しているのが、公邸料理人です。

海外に駐在する日本の大使たちは、公費による一部援助も得て、公邸で腕を振るう料理人を雇い入れます。各大使は、公邸での会食を通じて任地での人脈を広げたり、公邸で文化行事などを開催する際に日本食を紹介したりするのです。そのような活動を円滑に進めるために、公邸料理人は欠かせません。

私も２０２０年2月、髙村哲也シェフと奥さんの里佳さんと共にモルドバに着任しました。髙村シェフは広島県福山市神辺町の出身です。市内の調理師専門学校を出て、地元の名店「せとうち料理 春秋」で日本料理の腕をじっくり磨き、その後は西洋料理も熱心に勉強したオールラウンドプレーヤー。２０１９年の後半まで都内にお店を構えていましたが、料理の幅を広げたいとの希望から公邸料理人に応募。初めての出会いは２０２０年1月、外務省の仕事を支援いただいている国際交流サービス協会の紹介でお目にかかりました。本当に、これもご縁ですね。

さて、２０２０年の夏のこと、日本の大切な友好国の大使夫妻とお嬢さんを公邸にお招きするの

天皇誕生日祝賀レセプションで寿司を準備する髙村シェフ。繊細な味と盛り付けは大好評だった（2020年3月）

おもてなしの鍵を握る髙村さん夫妻（右側）と筆者（左端）、公邸職員のアリョーナ・コジョカルさん（2020年7月）

に先立って、いつものように食材などに制約をお持ちでないかを先方に照会しました。回答はこうでした。「大使は、白身魚にはアレルギーあり、野菜数種を食さない。砂糖も小麦粉も使用不可。夫人は、米もパスタも、そしてパン、ジャガイモも食べない。夫妻共に生魚は不可」。私の前任地はケニアでしたが、イスラム教徒の方々に豚肉は提供できませんし、インド系のお客様には野菜しか食べないベジタリアンの人たちも多かったのでさまざまな工夫をしていました。しかし、砂糖も小麦粉も使えないことも含め、こんなに多くの条件を課されたのは初めてでした。

なかなかの難題を前に、私と髙村シェフは2人でじっくり策を練りました。その結果、ココナッツ・シュガーやアーモンド・パウダーなども駆使してさまざまな料理をお出しして、お客様たちはとても満足して帰宅されました。全ての料理を写真にも収めていた大使夫人からは「2年間のモルドバ駐在期間中で最もおいしい料理だった」との言葉もいただきました。

ところで、一体どんな料理を出したのかって？

それは企業秘密です。今回も高村料理人が緻密な戦略と抜群の腕前で見事に私の外交活動を支えてくれました。ブラボー、高村シェフ！

日本企業支援を目的としてガブリリツァ首相（左前）とボレア農業・食品産業大臣（左奥）を迎えて開催した公邸夕食会の模様（右奥は関谷書記官）。夕食会に先立って大使館では当地進出の日本企業各社と連絡を取り合ってモルドバ政府機関などに対する要望事項を文書に整理。和食とモルドバ産白ワインという絶好の組み合わせを楽しみながら、筆者から首相に対して善処を要請した（2022年10月）

駐モルドバ日本大使として――全力で取り組んだ日々③

ささやかなお手伝い

民主主義培う選挙監視

選挙が公正に実施されることは民主主義社会の土台を築くものです。2020年11月のモルドバ大統領選挙では、私たち日本大使館員も「選挙監視活動」に参加。この国の民主主義の成長に貢献できたと信じています。

モルドバ共和国は、旧ソ連が崩壊した後に独立した国々の一つです。1991年8月の独立から2020年で29歳。若い国です。こんなモルドバが新たな国造りを進めるためには何が必要でしょうか？　まずは、国内の諸制度の根幹を作り、基本的人権を保障するための憲法の制定、民主主義制度の基盤を構成する議会制度、そして、誰に対しても公平な司法システムの構築などが欠かせません。さらに、長期にわたり社会主義体制の下で続いてきた計画経済を基本とするシステムを、日本と同じような市場経済の仕組みに変えていくことも重要です。もちろん、これらの事柄を同時に進めていくことは誰にとっても容易ではないので、これまで長期にわたっ

選挙監視活動として首都キシナウから車で約1時間半のバルニツァ村の投票所を訪ねた筆者（2020年11月）

て欧米諸国や日本政府などがさまざまな形でモルドバへの支援を続けてきているわけです。

さて、今回私たちが行った活動は「選挙監視活動」と呼ばれるものです。比較的歴史の短い国々、あるいは紛争により混乱が生じた地域などにおいて、国家元首や国会議員の選出のための選挙が、民主的な規則に従い、公正に行われることを監視する活動です。具体的には、モルドバ大統領を選ぶための選挙の決選投票が行われた2020年11月15日、民主主義の確立と基本的人権の保障に従事す

体育館内に設けられた投票所(2020年11月)

る欧州安全保障協力機構（ＯＳＣＥ）などの国際機関や、首都キシナウに所在する各国大使館などと同様に、国内の投票所を巡回して監視活動を行いました。

日本大使館からは私を含めて５人が参加しました。いずれの投票所でも身分証明書の提示を通じた選挙権の確認、投票箱が封印されているかなどの関連設備の点検、さらに投票活動が平穏に実施されているかなどをチェックしましたが、特に問題は発見されませんでした。そして、選挙結果は最終的に12月10日にモルドバ憲法裁判所によって正式に認められ、マイア・サンドゥ候補の当選が確定しました。任期は４年間です。

私たちが行った選挙監視活動は、見方次第ではほんのささやかなものと映るかもしれません。しかし、国際機関、日本を含む各国大使館、非政府組織（ＮＧＯ）など、さまざまな人々が選挙監視活動に携わることが事前に広報され、その通りに実行されたことによって、投票を巡る大規模な不正が防げたと考えられます。私は、たとえそれがささやかなものであったとしても、日本政府もモルドバの民主主義の成長に貢献できたものと信じています。

当時は政党の党首だったサンドゥ氏(右)を表敬訪問した筆者(2020年8月)

12月24日には、サンドゥ新大統領の就任式が行われ、会場にはモルドバ駐在の各国大使も招かれました。就任演説の中でサンドゥ大統領は、国民が一致団結して豊かで公正な社会をつくる必要性を誠実に呼び掛けました。心に響く印象的なスピーチでした。

48歳の若さで国家元首に選出されたサンドゥ大統領。この国で初の女性大統領の誕生です。若いモルドバ共和国の歴史に、また一つ新たな1ページが加わりました。

駐モルドバ日本大使として――全力で取り組んだ日々④

ＪＩＣＡが築く、日本への信頼感

開発途上国の国造りを担うプロデューサーたち

国際協力機構（Japan International Cooperation Agency：ＪＩＣＡ）は、日本政府による政府開発援助（Official Development Assistance：ＯＤＡ）を執行する実施機関です。モルドバと日本は長年にわたって友好関係を維持し、モルドバ国民の対日感情も良好ですが、その背景には、ＪＩＣＡが長年続けてきた地道な支援が作り上げた、日本への信頼感という土台があります。

３年間のモルドバ共和国駐在の中で、日本政府によるさまざまな開発協力案件に従事できたことは幸運でした。日本は、この国の独立から間もない１９９３年に、国際赤十字などを経由して医薬品やワクチンを供与しましたが、それ以降一貫して支援を続け、社会の発展に大きく貢献してきました。30年間に及ぶ日本政府のODAを通じて、モルドバでは私たちに対する強い信頼感が育まれ、例えば国連や国際機関の場でも、余程の特殊事情がない限り日本の立場を必ず支持してくれるように、両国間には強固な友好関係が築かれています。

まずは農業分野からご紹介します。モルドバの面積は九州よりもやや小さい約3万4000平方キロメートルですが、有力な産業も地下資源も持たないこの国にとって、農業、そしてワイン生産を含めた食品産業は、自国経済を支える重要な分野です。日本政府は1990年代後半からこの点に着目し、JICAを中心に各種の事前調査や分析作業が重ねられるとともに、現地政府との調整も進められ、トラクターなど農業用機材の供与を中核とする農民支援プロジェクトが2000年に始まりました。その時以来「農業機械化訓練センター（現・農業発展・近代化機構）」の建設なども含めて、農業分野への支援が続けられ、車体に日の丸とJICAのシールを付けてモルドバの農地を駆け回る「日の丸トラクター」などの機材は、既に1万台を超えています。日本による農業分野への支援がモルドバ国民に深く感謝されている

新たに到着したトラクター48台の供与式。左から筆者、ボレア農業・食品産業大臣、ガブリリツァ首相、ポポフ農業発展・近代化機構理事長。日本製のトラクターは小回りも利くとして、丘陵地域で狭い畑の多いモルドバでとても重宝されている(2022年7月29日)

ことは言うまでもありません。

また、日本による貢献は医療分野でも広く知られています。2000年には医療機材の無償供与が開始され、2013年6月には同じく円借款の供与に医療機材の購入を目的として、円借款の供与に関する文書が両国関係者により署名されました。こうして、モルドバ国内の主要な病院で、日本製を中心に画像診断機器や内視鏡などをはじめとする優れた医療機材が整備され、モルドバ国民が受ける医療サービスは格段に向上しました。トラクターと同じく、日の丸とJICAのシールが貼り付けられているこれらの機器は、各医療機関で大切に維持管理されながら有効活用されています。

そしてもう一つ、2022年2月には文化無償協力という枠組みによって、モルドバ国立図書館内に「デジタル化センター」が完成しました。この図書館が所蔵する歴史的・文化的価値の高い図書や資料をデジタルアーカイブ化するための機材を日本政府が供与したのです。この援助を通じて、貴重な資料を将来の世代に向けて長期保存することが可能となっただけでなく、通信網を通じて遠距離に在住する国民に対

JICA理事長による初めてのモルドバ訪問を実現した田中明彦理事長（右）。国内最高レベルの医療機関とされる共和国病院でウンクツァ院長（中央）から、日本から供与された医療機材が有効活用されている模様について説明を受けた（2022年5月）

しても、広く閲覧機会を提供できる環境が整備されました。

　以上に加え、これまでに約４００名の優秀な人材が、さまざまな分野の知識や経験を学ぶためのＪＩＣＡによる研修で日本に滞在したと聞いており、２０２２年末時点でも、ネメレンコ保健大臣ほか、多数の「訪日研修ＯＢ・ＯＧ」がモルドバ政府機関などで活躍中であることも付言しておきます。

　さて、このように日本政府による途上国への支援活動は、その対象となる被援助国との間で緊密な二国間関係を築くことに大きく貢献するものです。これと同時に、相互依存がますます強まる国際社会の中で、日本の貢献を世界に示しながら、わが国の存在感を高めていくという観点からも大きな意味を持ちます。そして何と言っても、そのような日本政府のＯＤＡを進める実施機関として、世界各地域の開発途上国の前線で奮闘するＪＩＣＡのスタッフ達の役割はとても重要です。開発援助の仕事は決して容易なものではなく、10年、20年後の相手国の将来の発展像を見据えながら開発戦略の策定、あるいは先方政府機関との協議や調整を進めることが必要ですし、各途上国にはそれぞれに特有の事情などもあります。そのような厳しい環

天皇誕生日に開所式が開催された「モルドバ国立図書館デジタル化センター」前で、ピンティレイ図書館長（中央）、そして、デジタル化センター長のシリベストルさん（右）と共に（2022年2月23日）

境の中で、さまざまな分野の高い能力を持つスタッフたちが、ＪＩＣＡの旗の下でプロデューサーとして日々奮闘を続けているのです。

私自身も日本政府の一員として、モルドバとケニアの現場でそれぞれ開発援助を担当しましたが、今も世界の広範な地域で貧困や栄養失調、災害や環境破壊、経済危機、あるいは基礎的なインフラの未整備などにより、多くの人々が苦しんでいます。開発途上国支援に向けた情熱と使命感、幅広く長期的な視野から構想できる能力、そして、各種の厳しい環境下にあるこれら途上国の現場に自ら飛び込んで、地域の人々と一緒に汗を流すという決意。このような資質を持つ優秀な人材が今後も開発援助の分野で活躍していくことが期待されています。

駐モルドバ日本大使として――全力で取り組んだ日々⑤

宇宙開発への笑顔
ＪＡＸＡがくれた希望への架け橋

それは何とも言えない感動的な瞬間でした。２０２２年8月12日午後0時45分、首都キシナウ郊外のモルドバ工科大学（Technical University of Moldova：ＴＵＭ）キャンパスにある大講堂内のスクリーンに映し出されたのは、この大学が自力で設計、開発したモルドバ初の純国産超小型衛星「TUMnanoSAT」を地球の軌道に乗せる映像でした。この小さな衛星が国際宇宙ステーションの日本実験棟「きぼう」から宇宙空間に放出された時、会場内に大きな歓声が上がり、観衆全員に明るい笑顔がはじけました。

モルドバ史上に残るこのイベントは、日本の宇宙航空研究開発機構（ＪＡＸＡ）が

「TUMnanoSAT」放出成功直後の模様。右からボスタン学長、ガブリリツァ首相、筆者（2022年8月12日。モルドバ工科大学）

国際連合宇宙局（UNOOSA）との協力で進めている「KiboCUBE」プロジェクトにより実現したものです。これは、衛星の開発技術が確立されていない途上国に対して、超小型衛星の開発支援を行うとともに、そのような衛星を日本実験棟「きぼう」から宇宙空間へ放出することにより、宇宙空間での利用・実証機会を提供し、途上国の宇宙関連技術の向上と宇宙利用能力の構築に貢献することを目的とする取り組みです。優れた技術者を有しながらも、関連政府予算が乏しいなど厳しい状況の中にあったモルドバ工科大学のチームは努力を重ね、本件プロジェクト対象案件として「TUMnanoSAT」が選定されたのは20

スクリーンに映し出された超小型衛星「TUMnanoSAT」。縦、横、高さがそれぞれ約10センチ（2022年8月12日。モルドバ工科大学）

１９年６月でした。

衛星放出後に壇上であいさつしたボスタン学長は、興奮を抑えられない様子で、「今から14年前の２００８年、〝モルドバも必ず宇宙開発技術を持つ諸国の仲間入りができる〟という信念と熱意で結ばれた、大学内の研究者や技術者10数名がグループを作って、我々は第一歩を踏み出した。その大きな夢がたった今実現した。ＪＡＸＡとＵＮＯＯＳＡ関係者に心から感謝している」と述べました。臨席したガブリリツァ首相からも大学関係者への祝意とともに、日本及び国連関係者への謝意が表明されました。

２０２２年11月上旬、私はボスタン学長以下「TUMnanoSAT」プロジェクトに従事した技術者等を大使公邸での夕食会に招きました。学長からは改めて、「JAXAの支援のおかげで、我々は宇宙開発分野で大きな前進を遂げたが、この成功は今後のモルドバ共和国の科学技術振興全体に好影響を与える素晴らしいもの。イベント当日の貴大使の発言のように、日本の支援によりモルドバの科学者たちの夢が宇宙まで届きました」とのお話がありました。同席したメンバーの最高齢は70歳代の同大学教授で、若手は20歳代前半の大学院研究生。チームの平均年齢は30歳を下回るそうですが、全員が何とも誇り高い表情をしていたのがとても印象的でした。

もう一つご報告しておきたいのは、子ども世代へのインパクトです。衛星放出の数日前、一部民間企業の支援も得て、科学技術分野に関心を持つ子どもたちを対象としたレクチャー・イベントがモルドバ工科大学で開催されました。若手研究者などから今回のプロジェクトの内容について分かりやすく説明を受けた数十名の児童・生徒たちの多くが、宇宙開発を含めた科学技術への関心を大きく高めることとなったと聞きました。これも、「KiboCUBE」を通じた協力が生み出したものと言えるでしょう。このように、今回のＪＡＸＡによる支援プログラムによって宇宙に放出された超小型衛星は縦、横、高さがそれぞれ10センチほどの実に小さなものでしたが、モルドバ工科大学のプロジェクトチームに対してはもちろんのこと、モルドバ共和国の科学技術分野の未来に向けて大きな大きな「希望」を作り出してくれたのです。その意義を改めて強調するとともに、モルドバのエンジニア達の更なる活躍を祈りたいものです。

科学技術に関心を持つ児童・生徒を対象に開催されたレクチャー・イベントの模様。前列に着席しているのは「TUMnanoSAT」に従事したエンジニア達（2022年７月28日。モルドバ工科大学）

駐モルドバ日本大使として——全力で取り組んだ日々⑥

響く祝賀の音色

苦難越えて友好深めた「天皇誕生日祝賀コンサート」

各国に駐在する外交団は、「ナショナルデー」(国祭日)として年に一度、祝賀行事を開催します。

2021年2月19日、コロナ禍のためレセプションを開催できない中、日本大使館はモルドバ国立交響楽団との共催で天皇誕生日祝賀コンサートを開催し、大好評を博しました。

モルドバ共和国赴任を伝えられた2019年秋、新天地でぜひ楽しみたいと胸を膨らませたことがあります。それは長い歴史に培われた文化を味わうことでした。首都キシナウの目抜き通り沿いには、オペラ・バレエ劇場、コンサート会場など、舞台芸術を鑑賞できる劇場が建っています。まさに古いヨーロッパの雰囲気。202

0年2月の着任後、市内を歩き、劇場の正面玄関脇に表示された演目を眺め、心が躍ったものです。

ところが、その後モルドバ社会もコロナ禍に見舞われました。3月中旬に発出された緊急事態宣言による一連の措置により、音楽会や芝居などの公演活動は全て禁止され、モルドバが誇る優れた文化芸術活動を鑑賞できなくなりました。なかでもつらい思いをしたのは、優れた技能を披露する機会を失った芸術家たちでしょう。そして、大使館の仕事も打撃を受けました。２０２０年内の開催を予定していた文化行事の多くを中止せざるを得なくなり、モルドバで日本文化に関心を持ってくださる多くの人々の期待に応えられなくなりました。

国内の感染状況が好転しはじめた年明けに私たちが望んだのは、天皇誕生日（2月23日）の祝賀行事だけはなんとしても開催したいということでした。例年通りのレセプション形式での開催は感染の恐れから難しい。多方面と調整を重ねた結果、日本の現代音楽を紹介するコンサートをモルドバ国立交響楽団と共催。国営テレビで津々浦々まで放送できる道を拓きました。実は、同楽団は２０２０年9月、練習場

ルーマニア語で開催のあいさつをする筆者（手前右）とモルドバ国立交響楽団のビボル団長（同左）（2021年2月）

なども付設された歴史あるコンサート会場を火災で失いました。長引くコロナ禍で疲弊したモルドバの人々に追い打ちをかける悲劇でした。この苦難を乗り越えて実現したコンサート。名高い楽団がその歴史上初めて、日本政府と共催する行事ということから、必ず成功させたいという気持ちが一層強まりました。

迎えた2月19日午後6時。君が代とモルドバ国歌の演奏の後、幕が上がりました。「モルドバの友人らと天皇誕生日を祝い、日本の現代音楽とモルドバの名曲を、創立80余年の国立交響楽団による最高の演奏で楽しんでいただけることは大きな喜びです」。筆者は開催あいさつに立ち、ルーマニア語で心からの感謝を述べました。「楽

2020年9月の火災で焼失したモルドバ国立交響楽団コンサート会場

団は大切なコンサート会場を失いましたが、優れた音楽家の皆様のご尽力で、以前のような環境の下で演奏を聞かせていただける日を心待ちにしています」。

コンサートは大成功でした。日本とモルドバの音楽を組み合わせたプログラム構成も秀逸で、スタンディング・オベーションの観衆からは長時間の拍手が続きました。天皇誕生日という大切な日を、モルドバで日本の現代文化の一端を紹介しながら祝うことができました。私の胸は関係者への感謝の気持ちでいっぱいになりました。そして、根雪も解けたキシナウの街で、このコンサートがモルドバに春を呼んでくれたように感じたことも覚えています。

駐モルドバ日本大使として——全力で取り組んだ日々⑦

日本語教育と文化紹介

次世代の交流育む財団

日本語学習者達がずっと待ち望んでいた「日本語能力試験」が、国際交流基金の理解と、モルドバ国立大学など関係諸機関からの支援も得て、2022年12月にキシナウで初めて開催されました。モルドバ共和国ではこれに続き、日本からの日本語専門家派遣実現への期待感がさらに拡大しています。

キシナウ市内にあるモルドバ国立大学のキャンパス。一つの校舎の入り口には、モルドバ国旗と日の丸が描かれた掲示板が見えます。「モルドバ日本交流財団」。この国で唯一、日本の言葉と文化を学べる場所です。創立者は同市出身のバレリウ・ブ

モルドバ国立大学で日本語教育の重要性を語り合ったブンザル氏（右）とシャロフ学長（中）、筆者。前教育・文科大臣のシャロフ学長からは再度、日本語専門家の派遣についての要請を受けた（2021年6月）

ンザル氏。国際関係を研究して博士号を取得した後、モルドバ政府に入りました。日本に関心を持ったきっかけは、経済・改革省勤務時代に実現した自身初の訪日でした。国際協力機構（ＪＩＣＡ）による地域開発マネジメントに関する研修に参加して約3か月間日本に滞在。この経験を通じて、日本への関心が急拡大し、母国との関係発展に貢献したいとの意志で、37歳だった２００２年に私財を投じて財団を設立したのです。

以降、財団は20年近くにわたり、数多くのモルドバ市民に日本語学習の場を提供するとともに、日本文化の紹介活動にも積極的に取り組んできました。日本大使館も、日本語弁論大会の開催など、さまざまな形で財団をサポートしてきたことは言うまでもありません。そして2018年、ブンザル氏には日本政府から外国人叙勲の栄誉も与えられました。長引くコロナ禍でも、財団は工夫を凝らして活動を継続中です。2020年に続いて2021年にも日本語弁論大会は予定通り開催されました。これだけ長期間にわたって財団を効果的に運営してきたブンザル氏の英知とバイタリティーは、本当に素晴らしいものです。

そして今、未来に向けて私が実現を望むのは、大学での日本語講座の開設です。この国の学生たちの中には、外国企業への就職や留学を希望する者が多くいます。外国文化への関心が非常に高いこともあり、モルドバの各大学は文系、理系を問わず語学教育に力を入れています。現在では中国語も韓国語も本国政府から派遣された専門家が大学の講座で指導を行い、毎年卒業生を輩出しています。

2020年6月、海外における日本語教育の充実の必要性などを骨子とする文書が閣議決定されました。日本との交流の担い手を育て、日本に対する理解と認識を深めることを通じて、諸外国との友好関係の基盤を作っていく上で、海外での日本語教育はとても重要です。

大使としてこの国に着任した２０２０年２月以降、私はさまざまな方から大学での日本語講座設置への要望を受けてきました。モルドバの大学で、日本語の専門家による日本語教育の早期実現が期待されます。

モルドバ日本交流財団の入り口に掲げられた掲示板。日本語講座や折紙教室など、プログラムには工夫と熱意が込められている（2021年6月）

駐モルドバ日本大使として——全力で取り組んだ日々⑧

アトリチナ！の向こうに

競技ダンス大国モルドバから世界一を目指して

初の単身赴任となったウクライナで、子どもの頃からスポーツ好きだった私が偶然出合い、健康維持の目的から48歳で始めた競技ダンス。熱心に続けてきたおかげで、モルドバやルーマニア社会の中で人脈を広げることにもつながり、外交官としての活動にも役立ったと感じています。

競技ダンスは、ワルツやタンゴなどスタンダード部門5種目と、チャチャチャやルンバなどラテン部門5種目で競うスポーツ。競技会では優雅さや力強さなどの観点から審査員が採点、順位が決まります。この競技ダンス、モルドバ共和国は世界的な強豪国なのです！

例えば、毎年8月にドイツで開催されるジャーマンオープン選手権（GOC）は、年齢に従ってジュニアからシニアまで幅広いカテゴリーで競技が行われる、世界ダンススポーツ連盟（WDSF）公認の著名な競技会。優勝ペアから3位までに与えられるメダルの獲得数は、前回2019年大会では1位ロシアの35個、続いて開催国ドイツの14個、そして第3位がモルドバの11個でした。しかし、考えてみてください。ドイツ選手の大半が実はロシアや東欧諸国出

所属クラブで練習を積む筆者（左端）とイリナさん（左から2人目）。ゴズン夫妻（右2人）は競技ダンス大国の基礎を築いた（2021年10月）

ルーマニア国営テレビの歳末慈善番組に参加した筆者（左端）。2人の若者達（中央）とは3週間の練習を積み、生放送に臨んだ（2011年12月）

身者であることを。さらに、ロシアの人口がモルドバの50倍以上であることを考慮すれば、モルドバは「世界最強国」と言えます。

モルドバでこの競技ダンスの輝かしい歴史を築いたのは、ペトル・ゴズン、スベトラナ夫妻です。1973年にダンスクラブ「Codreanca（コドリャンカ）」を設立しました。「森の娘」という意味です。緻密な理論と選手育成の手腕で知られる夫妻の指導により、モルドバ選手団は国際大会で好成績を収め続け、多数の世界チャンピオンも誕生しました。モルドバ連盟会長も務めるペトル氏が活動全般を統括し、スベトラナさんは技術指導面の責任者を務めます。2人は国内では誰もが知る有名人です。

さて、私が競技ダンスを始めたのはウクライナに駐在していた２００６年、初の単身赴任となり、健康維持に不安を感じはじめてい

国際大会でラテンダンスを踊る筆者（右）（2012年5月）

た時期でした。その後、2008年にルーマニアに転勤後は、夕食会などの仕事がない限り、所属クラブで毎晩練習。翌2009年以降は国際大会も含めて競技会にも積極的に参加を続けました。ルーマニア離任前の2012年12月時点での世界総合ランク648位の成績（スタンダード部門）は、今もWDSFサイトに残っています。そして、モルドバ着任半年後の2020年8月、私はゴズン夫妻を訪ねました。夫妻は私の熱意を受け入れてくれて、同月以降、夫妻が探してくれたパートナーのイリナさんと練習を続けています。

さてさて、「あなたたちを世界一にしてあげる」と語るスベトラナさんのレッスンは異次元の厳しさです。会話はいつもロシア語ですが、「アトリチナ（素晴らしい）！」と言われることはまれです。しかし、その言葉の向こうにGOCシニアⅣクラス（参加資格は、競技会開催年内にペアの片方が65歳以上に、もう一方が60歳以上に達すること）優勝という世界チャンピオンへの夢が見えてくると信じて、私はモルドバで週3回の練習を続けています。

駐モルドバ日本大使として――全力で取り組んだ日々⑨

7時間の金メダル

チャレンジし続けることで得られるもの

２０２２年８月９日、私はドイツ南部のシュトゥットガルトに来ていました。競技ダンスの国際大会「ジャーマンオープン選手権（ＧＯＣ）」に出場するためです。この大会は長い歴史を持ち、上位入賞ペアには金、銀、銅のメダルに加えて、賞金も与えられることなどから、欧州を中心に世界中から強豪ペアが集まる競技ダンス最高レベルの競技会として知られています。私たちもお昼過ぎには会場に到着。私は競技用燕尾服に、そしてパートナーのイリナさんも黒基調のダンスドレスに着替えて、試合前のウォーミングアップを始めていました。私の背中のゼッケンは「44」番。競技会場全体に国際大会特有の緊張感が漂っています。

そのような雰囲気の中で私は、以前からずっと憧れを抱いていたこのGOCへの出場が現実となったことだけで喜びを感じていました。同時に、モルドバで2年以上にわたって厳しくも温かい指導を続けてくれたゴズン夫妻に対する感謝の気持ちを新たにしました。世界的にも著名な同夫妻のコーチを受けることができたのはこの上ない幸運でした。もちろん、この間ずっとペアを組んでハードな練習に一緒に耐えてきてくれたイリナさんにもお礼を伝えたい気持ちでした。

そして午後3時、私達の「シニアⅣクラス」第1次予選が始まりました。参加ペア97組がグループ分けされて、ワルツ、タンゴ、ヴィエニーズワルツ、スロー・フォックストロット、そして最後のクイックステップという、スタンダードダンス5種目すべてを、順番に各種目約1分40秒前後踊ります。フロアの周囲には10数名の審査員が立ち、厳しい目を注ぎます。そんな張り詰めた雰囲気の中で競技は進み、私達は第3次予選まで勝ち抜きました。次は24ペアで競う準々決勝です。予想を上回る好結果に私は驚き、おそらくこの準々決勝が最後になるであろうと考えました。悔いが残らないよう精一杯がんばることをイリナさんと二人で確認し合い、5種目

世界的に著名な「ジャーマンオープン選手権」で踊る筆者とパートナーのイリナさん
（2022年8月9日。ドイツ・シュトゥットガルト）

を踊りました。そして何と何と、その後張り出された結果の中には「44」番があったのです！　準決勝進出の12ペアの中に私達が残ったのでした。ここまで進出できたことが信じられない気持ちでしたが、私達は喜びを感じながら、気力と体力を振り絞って踊りました。残念ながら決勝戦に進出する6ペアの中には残れませんでしたが、私達は参加97組中の10位という最終結果を心から喜びました。既に時計は午後10時をまわっていました。合計7時間に及んだ、私のGOC初挑戦でした。

GOCでの好成績を思う時、もう一つ胸に浮かぶことがあります。ケニア駐在時代のことです。2016年7月の首都ナイロビ着任後に現地で競技ダンスのクラブを探したものの、アフリカ大陸のほとんどの地域でヨーロッパ発祥のボールルーム・ダンスがないことが分かりました。残念でしたが、数年後に再び競技ダンスに取り組める可能性を維持すべく、私は昼食休憩時間中に30分前後、大使館内の多目的ホールに音楽ディスクを持ち込んでワルツなどの基本ステップを独りで週に2～3回練習することを続けました。今振り返ると、ナイロビでこのシャドーレッスンを続けていなかったら、私の足腰はモルドバでの猛練習に耐えることはできなかったように思えるのです。

ウクライナ駐在期間中に48歳で始めた競技ダンス。私には、現在まで17年間チャレンジし続けたご褒美がＧＯＣでの好成績だったように思えてなりません。第１次予選から準決勝まで全力で挑んだ7時間は、誰にも負けない私の大切な金メダルです。

外交を通じて平和を！

隣国ウクライナへの祈り

「ツァーラ・ミカ、イニマ・マーレ」（ルーマニア語で、「小さな国でも、大きな心」の意）、2022年8月27日の独立記念日、サンドゥ大統領は、ウクライナ避難民を直ちに温かく迎え入れた国民をこう表現して賞賛しました。

私も外交官として合計約7年間を過ごしたウクライナとモルドバ。

両国の人々の幸せと明るい未来を心から祈るばかりです。


1980年の外務省入省以来、2年間の語学研修を含めた私の海外勤務は30年以上におよびます。東欧、北米そしてアフリカと地域もさまざまですが、どの国に駐在する場合でも共通するのは、外交官としての仕事には外国語が不可欠ということです。ここモルドバで私は、政府関係者との協議や会議でのスピーチなどはモルドバの公用語であるルーマニア語で、各国大使など外交団や国際機関代表者などとの会合や国際会議は英語で、そして、ロシア語を第一言語とする一部のモルドバの人々との交流や簡単なあいさつはロシア語で行います。外国語の習得は決して容易ではありませんが、国際的な舞台での活躍を目指す若い方々には、自分自身の将来に向けて明確なモチベーションを持ち、語学学習は毎日続けることがとても大切だと思います。

さて、この原稿を記している2022年2月末、世界を揺るがす出来事が隣国で起きています。2月24日のロシア軍侵攻により、ウクライ

週末を除く毎日、オンラインでロシア語を教えてもらっているリュドミラ先生(左)と筆者(2022年2月)

ウクライナ避難民の母子。この親子も夫（父親）と離れ離れになったが、寂しさと不安の中、母親は息子の前では気丈に振る舞う（2022年5月。キシナウ市内の避難所でピースウィンズ・ジャパン近藤史門チーフカメラマン撮影）

ナ国内各地が破壊され、罪のない人々の命が失われています。私自身も4年間駐在した古都キーウの美しい街並みも一変。そして、その頃、毎年夏にロシア語学習のためホームステイをしていた、黒海の真珠とも称される魅力あふれる港町・オデーサ方面からは、毎日多数のウクライナ人が戦渦を逃れるため避難してきています。男性は戦うべく国内に残ることが求められる中、モルドバに逃れてくる人たちのほとんどは女性と子どもです。

そんなウクライナからの避難民を、

モルドバ共和国はあたたかく迎え入れています。政府は厳しい予算の中で多くの避難施設を提供し、また、多数のモルドバ国民が、自らの貧しい生活状況にもかかわらず、食料や衣類などの支援物資を供出し、自宅に避難民を受け入れる方々も多いと聞きます。さらに、たくさんのボランティアも温かい食事の準備など献身的な援助活動を続けています。日本政府も直ちに行動しています。ウクライナ国内やモルドバを含む周辺諸国に避難した人々を対象とした総額1億ドル（約130億円）の緊急人道支援を決定し、国際機関などとも協力して取り組みを進めています。これに加えて、ウクライナ避難民の日本への受け入れも開始しました。

広島で生まれ、母親から原爆投下後の様子を聞かされながら育った私が外交官となって42年。今、ウクライナで続く悲しい現実を伝える報道を目にしながら心を痛め、改めて平和の大切さをかみしめる毎日です。国家や民族間などで生まれる立場の違いは、武力ではなく平和的に解決されなくてはなりません。この悲劇が外交の力によって早く幕を閉じること、そして、ウクライナ避難民の方々をこれから国際社会全体でしっかりと支えていけることを祈っています。

隣国ウクライナへの祈りと支援②

命をつなげる日本の支援

モルドバでも続く、「オールジャパン」のウクライナ避難民支援活動

心構えはできていたつもりでしたが、2022年2月24日の早朝、モルドバの首都キシナウの日本大使公邸で隣国ウクライナにロシア軍が侵攻したことを知った瞬間、身体全体に緊張が走りました。大使館事務所では直ちに館員全員が集まり当面の対応を協議。まずはモルドバ国内への影響などに関する情報収集を急ぎ、大使館として真っ先に行うべき在留邦人の保護のため、最新情報の提供などを開始しました。

その日から私たちの仕事が急拡大したことは容易に想像いただけるでしょう。ウクライナからの避難民流入がモルドバでも急増する中、邦人保護業務と並行して、時々刻々と動く現地情勢を踏まえて東京の外務本省と各種調整を行い、また、取材

に訪れる日本の報道関係者らに対する現地事情説明も私が丁寧に対応しました。さらに、日本政府が国際機関経由でのウクライナ及び周辺諸国への支援供与を発表して以降は、キシナウ駐在の各国際機関事務所長などとの協議も始めました。そしてもちろん、大使という現場の最終責任者として、私は、万一ロシア軍がモルドバ国内にまで攻め込んで来た場合という最悪の事態も想定し、日本大使館員とその家族や在留邦人の脱出方法も事前に考えておく必要がありました。

そんな中で、3月に入るとうれしい知らせが入りはじめました。まずは、このような緊迫した状況の中で国際協力機構（ＪＩＣＡ）が医療調査団派遣の検討を始めたという連絡を受けました。災害医療分野の権威として国際的にも著名な広島大学の久保達彦教授を団長とする「ウクライナ避難民に係る緊急人道支援・保健医療分野協力ニーズ調査団」の第一次隊が3月19日に羽田空港を出発。このミッションは構成員を一部変更しながら、第三次隊までモルドバで調査活動を継続して5月半ばに帰国しました。その後まもなく、多くのウクライナ避難民の流入という非常事態の下での医療ニーズをしっかり把握した調査報告書がまとめられました。これを受

「ウクライナ避難民に係る緊急人道支援・保健医療分野協力ニーズ調査団」第一次隊の皆さん。右側から筆者、久保達彦団長、杉本聡JICAウクライナ事務所長、豊國義樹(独)国立病院機構災害医療調整係長、勝部司JICA国際協力専門員(緊急人道支援エキスパート)、塩田浩平JICA国際緊急援助隊事務局員(薬剤師)(2022年3月)

けて日本政府内では直ちに具体的な検討が進められ、総額10億円の医療機材供与を内容とする公式文書が8月17日にキシナウで署名されました。11月にはＪＩＣＡとモルドバ保健大臣の間で贈与契約も締結。画像診断関連機器、内視鏡診断・治療関連機器、手術関連機器、臨床検査関連機器、人工透析装置、人工呼吸器等患者管理関連機器など、日本の支援による合計約２５０台の最新機材を通じて、ウクライナ避難民を受け入れている医療機関のサービスが改善され、モルドバ国民の生活水準向上にも寄与することは間違いありません。

PWJのメンバーとして活動する、左から松澤礼奈プログラム・コーディネーター、佐々木綾菜看護師、稲葉基高医師と筆者（2022年4月）

同じく3月前半、日本から二つの非政府組織（NGO）代表団も到着しました。面談の要望を頂戴した私は喜んでピースウィンズ・ジャパン（PWJ）と難民を助ける会（AAR Japan）の方々にそれぞれお目にかかり、現地事情などを説明しました。いずれのNGOもその後直ちに諸準備を進めてウクライナ避難民への支援を開始。支援の内容としては、避難民が滞在している臨時宿舎などでの食料品や生活物資の供給、あるいは心身両面での医療支援などが中心ですが、さすがに「現場のプロフェッショナル」とも呼ばれるだけあって、避難民の方々の置かれた諸環境を十分に考慮した上での活躍ぶりは見事です。モルドバでもＰＷＪとＡＡＲの活動は高く評価されており、私は政府機関やキシナウ市役所の方々、あるいは避難民自身やそのホストファミリーの皆さんから幾度も感謝の言葉をいただきました。

なお、ジャパン・プラットフォーム（ＪＰＦ）をご存じでしょうか？　ＮＧＯ、経済界及び政府の３者が対等な立場で協力して活動を行う日本の緊急人道支援の仕組みです。２０００年の発足以来、ＪＰＦは機能を継続し、国内外の自然災害の被災者や紛争による難民・国内避難民に対して、迅速かつ効果的に日本からの支援を届けています。私は２０２２年４月初めにモルドバを訪問したＪＰＦの緊急対応部長からもお話を聞きましたが、ＪＰＦの枠組みを土台にした政府からの支援金及び企業・個人の方々からの寄付により、初動活動資金がＮＧＯに迅速に提供されるため、ＮＧＯも直ちに現地に出動、援助活動を開始できるのです。２０２２年11月時点でのＪＰＦ参加ＮＧＯは45団体、また、２０２０年度の活動報告によれば、ＪＰＦを通じた活動の受益者は24の国や地域で３２６万人を超えています。

医療機材供与に関する文書に署名したニク・ポペスク外務・欧州統合大臣(右)と筆者(2022年8月17日)

このように、私たち日本人はモルドバで政府、NGOそして民間企業などがそれぞれの取り組み方で支援活動を続けながら、ウクライナ避難民とモルドバ社会への貢献を行っており、こうした活動は欧米主要国にも決して見劣りしない素晴らしいものです。ウクライナでの戦争の早期終結が何よりも待たれますが、戦争が終わった後も、避難民の方々への支援は必要でしょうし、ウクライナ国内で始まることとなる復興プロセスは大規模なものになるでしょう。文字通り、オールジャパンによる支援活動の一層の貢献が期待されます。

そして、離任へ
モルドバの人たちが教えてくれたこと

どんな物語にも必ず、始まりと終わりがあります。2022年11月に65歳を迎えた私は、近く帰国することが決まっていました。ただし、離任前にもう一つ、大統領の日本訪問という大事な仕事が私には残っていました。

各国に駐在する大使たちにとって、その駐在国の国家元首が自分の国を訪問することは大きな名誉です。東京の外務本省からの指示を受けて進めたモルドバ側との調整もまとまり、11月30日、大統領は日本政府主催による「国際女性会議『WAW！2022』」に、メインゲストの一人として出席すべく出発しました。大統領の日本滞在中に実現した、岸田総理大臣との日本・モルドバ首脳会談は、両国の関係を大

サンドゥ大統領への離任前表敬訪問終了後に私は別室に招かれ、両国関係拡大への貢献を評価するとして、「大統領令に基づく名誉勲章」を授与する儀式が執り行われた。サンドゥ政権下では初の外国人叙勲で、私にはうれしいサプライズとなった（2022年11月30日。モルドバ共和国大統領府）

きく進展させるものとなりました。

こうして、２０２０年１月に辞令を受けてから約３年を経た２０２２年12月半ば、大統領訪日というまれしいイベントで大使の役目を締めくくった私は、小雪の舞うキシナウ国際空港を後にしました。

振り返れば、首都キシナウに着任してわずか数週間後の２０２０年３月にはコロナ対策として緊急事態宣言が発出され、さらに２年後の２０２２年２月24日にはロシアによる隣国ウクライナへの軍事侵攻が起きました。いずれも外交官として初めて

国際連合児童基金(UNICEF)創立75周年記念野外コンサートで合唱を終えたコーラスグループ。列席したサンドゥ大統領からは、世界中の子どもたちに笑顔が広がる日を待ち望むとの発言があった(2021年7月24日。キシナウ市内デンダリウム公園)

体験する特殊な環境でしたが、政府関係者はもちろん、各界の方々とも積極的に接触しながら、全力を傾けて努力した日々でした。

そんな私にとって最も印象深かったことは、突如として発生した悲劇の中で、モルドバの人々が示したあたたかさです。大国ロシアが軍事侵略という蛮行に及び、多数のウクライナ人女性や子どもたちが厳しい冬の寒さの中で、文字どおり着の身着のままで逃げてきた時、モルドバの人たちは直ちに行動しました。オデーサ方面に近い南部でも、あるいはウクライナとの国境が続く北部地域でも、たくさんのボランティアが温かい食事や滞在場所の確保に奔走し、多数の国民が衣類や食料品を中心に大量の救援物資を供出しました。さらには、親戚でも友人でもない避難民を自宅に受け入れた家庭も数えきれないほどだったと聞きます。こうした行動の背景には、古い時代からさまざまな形で周辺諸大国の影響を受けてきたという歴史的な要因などもあるのかもしれませんが、苦境にある隣人を救うためにモルドバの人々が見せた思いやりにあふれた行動は、私たちもしっかりと記憶に留めておくべきものでしょう。

モルドバ共和国では、1991年の独立から30数年経った今も国内政治は揺れ動いています。基幹産業も資源もない中で、経済も発展しない一方、西欧諸国などへの移住や出稼ぎも続いています。さらに、今もウクライナで続く戦争の行き着くところは、この国の将来を大きく左右することになります。しかし、そうした苦難が続く同国では、サンドゥ大統領率いる現政権が一貫した外交姿勢を堅持し、2022年6月にはEU加盟候補国のステータスを得ることに成功しました。

その2か月後、２０２２年8月27日の独立記念日式典で多数の国民を前に、「ツァーラ・ミカ、イニマ・マーレ」(ルーマニア語で、「小さな国でも、大きな心」の意)、と誇り高く宣言したのもサンドゥ大統領でした。この国が、数ある課題を乗り越えてEU加盟も早期に実現し、穏やかで心優しいモルドバの人々に明るい未来が訪れることを私は信じています。

第2章

外務省入省から新米外交官へ

猛勉強して憧れの外務省へ入省。
語学研修後に重ねた通訳の現場、
そしてプレゼンテーション能力を高める努力など、
若手外交官として基礎的能力の習得に
励んだ日々を回顧します。

外交官への夢を追って

憧れと孤独を抱えて勉強

外交官としてさまざまな課題に取り組み、
世界各地の人々や文化にも接してきたこと。
何よりも、日本の国益のために働いてこれたことを幸運に感じます。
自分自身を見つめ、悩み続けた日々が懐かしく思い出されます。

私は、ごく普通の広島の少年でした。地元で試験を受けて立命館大学に入りましたが、好きな英語の勉強を続けたくて、英語読書会というサークルに所属し、京都ライフも楽しみました。将来のことを考えはじめていた大学2回生の時、とあるきっかけから、試験に合格すれば外務省に入れることを知りました。ただ、試験科目の中には憲法や国際法など未知の科目があるうえ、一般教養によるふるい分けも厳しいと聞きました。競争率は15倍前後。外交官という職業は、自分にとってはるか遠い夢に思えました。それでも、熟考を重ねた末、サークルの部長を1年間務め終えた後の3回生の9月、その夢を追いかけるため、私は文字通りゼロから勉強を始めました。

朝9時の開館時に教科書などを抱えて大学の図書館に入り、夜9時の閉館数分前に退出して、徒歩で下宿に戻るという生活を1年間続けました。授業はどうしても必要な科目しか出席せず、食事は全て学食でした。帰省前に図書館の使用に関する手続きを行い、夏期休暇中は広島市佐伯区の実家から、当時は市内中区に

議長役を務めた海洋問題に関するASEAN地域フォーラム(ARF)の会議
(2015年4月。アメリカ・ハワイ)

あった広島大学の図書館に毎日バスで通い、最後の追い込みの勉強をしました。受験勉強を後押ししてくれたのは、何といっても外交官への大きな憧れであり、そして、外務省に入れば2年間与えられるという語学留学への淡い期待でした。一方、私には勉強方法について、あるいは外務省での仕事などについて助言をもらえるような人もいなかったので、実のところは、さまざまな試行錯誤を繰り返し、孤独の中で悩み続けながらの受験準備でした。憧れと孤独を抱えた日々が報われたのは1979年秋のことでした。

さて、現実の外交の現場は、こんな受験勉強よりもずっと厳しいものです。さまざまな分野の交渉、通訳業務、邦人援護活動、そして土台となる語学力の習得などどの業務も知識と経験が不可欠です。そして何よりも「最後までやり抜く」という気概が必要です。任務を完遂するためには、自らの能力を高めるための不断の努力と、世の中の変化に従って常に現れる新たな課題に果敢に挑んでいく姿勢が求められます。

思い返すと、これまで担当した仕事はどれも興味深く、真剣に取り組んでこられ

北極に関する国際会議でアメリカのオバマ大統領（手前左端）と意見を交わす筆者（同左から２人目）たち（2015年８月。アメリカ・アラスカ）

たことを幸運と感じています。国際会議で議長役を務めたことや、アメリカ大統領と接する機会ができたことなど、まったく想像さえできなかったことをたくさん経験できました。これも、試行錯誤と孤独の中でも、決して途中であきらめず、自らの夢を追い続けたことで実現できたものです。

世界にはさまざまな国があり、そして、異なる文化の中でいろいろな人が暮らしています。外交官という職業に限らず、特に若い皆さんは、将来に向けて、この広い世界で活躍していただきたいと願っています。

恩師、日高正好教授のこと

学べるという幸せ

私が立命館大学で日高正好教授に初めて出会ったのは、次第に学生生活への新鮮味を失いはじめていた大学2回生の春でした。先生の英語の講義は毎回独特の明るさと爽やかさにあふれ、私はその授業を次第に心待ちにするようになります。その日高先生が折に触れて私たちに熱く語ってくれたのは、勉学に打ち込めることの貴重さでした。「君ら、大学で学べることに感謝せなあかんぞ！」。大阪府立の工業高校から立命館大学に入学され、肉体労働などで学費を稼ぎながら、苦学して立命館の大学院でアメリカ文学を専攻されたという自身のご経験などもあり、1日1日を大切に過ごすことを強調されていたのです。いつの間にか私は、そんな日高先生の授業だけは予習をして備え、教室内では最前列に座りはじめるようになり、また、先

米国ペンシルベニア大学への研究留学中にカナダ・トロント市の拙宅を訪ねてくださった日高正好教授（長男祐輔（左）、長女眞由子と共に）。アメリカ文学研究者の他に詩人でもある先生の手による『アメリカ詩集』からは、先生独特の温かい人柄が感じられる（1986年5月）

生も徐々に私のことを気にかけてくださるようになりました。先生の勧めがなければ、J・D・サリンジャーの『ライ麦畑でつかまえて』や、セオドア・ドライザーの『アメリカの悲劇』を原語で読むこともなかったでしょう。

外交官への夢を追いかけて勉強していた私を支えてくれたのも日高先生でした。相談できる人もいない中、私はただ元気と励ましをもらいたくて幾度か先生の研究室を訪ねました。いちばん思い出すのは、面接試験を受けるべく東京に向かう数日前のこと。不安を抱える私に対して、先生はいつもどおりの明るく大きな声で、「片山君、君なら関東の有名大学の連中にも負けへん。絶対に大丈夫や！」と送り出してくれました。そして数か月後、外務省に合格したことをご報告した時には「ようがんばったな。君ならできると信じとった。僕の教え子から出た初めての外交官や！　おめでとう！」と満面の笑顔で祝福いただきました。卒業後も先生とは時折手紙のやり取りをさせていただき、「外交はとても厳しい世界と思うが、精一杯がんばれ！」と激励を続けてくださいました。

さて、一等書記官としてルーマニアに駐在していた1997年7月15日、大統領の訪日に際して、私は通訳として日本に出張し、総理官邸での首脳会談を含めて全行事を担当しました。いちばん緊張したのは天皇陛下（現・上皇さま）がルーマニア大統領と会見された時でしたが、私は自身初の大役を全力でお務めしました。こうして東京での公式日程を終えた夜、そんな大事な役目を無事に果たせたことをどうしても日高先生に直接ご報告したくて、そして、もしかしたら翌日からの大統領一行の関西旅行に随行して訪ねる京都で、ごく短時間でも先生にお目にかかれるかもしれないとの期待感もあり、都内の宿舎から京都府亀岡市のご自宅にお電話しました。受話器を取られたご長男からあったのは、「お電話ありがとうございます。父は癌のため2か月前に他界しました」とのお話でした。私はベッドに横になり、数年前に先生から頂戴していた手紙の中に「片山君、僕はキャンサーなんかには負けないから安心して……」と記してあったことを思い出しながら、56歳の若さで旅立たれた先生を偲び、涙をこらえることができませんでした。

その時から既に20年が過ぎていた２０１７年2月、ケニアから一時帰国した私は亀岡に向かいました。ご自身も小学校教員を勤めていらしたという郁子夫人のご案内により、同市内東光寺で先生のお墓参りをさせていただきました。

「学べるという幸せ」。今、学生時代を振り返る時、日高先生が教えてくれた大切なことに気づきます。義務教育を経た後に高校や大学で勉強できるのであれば、将来に向けた大事な土台を築くため、そのような環境に感謝をして勉学に励むべきです。さらに、社会人になった後も、職場で新たな課題を与えられた場合には、自身の知識と経験を深めていくためのチャンスと考えて挑戦していけば、以前は見えなかった新しい世界が必ず自分の前に現れてくるのであろうと思います。私は学生時代に日高正好という優れた教育者に接する機会を得たおかげで、自身で意識することなく、このような姿勢を持ってきたように感じています。年齢は重ねましたが、私は今後も変わることなく、新たな課題に積極的にチャレンジしていくことにしていきます。

心からの感謝の気持ちを改めて記します。

日高先生、ありがとうございました。

外交通訳者のプライド
精鋭黒子集団の一員として

公式会談や政府間交渉などで通訳を担当する機会を得ること、
それは高い語学力など極めて優れた能力を持つ人材だけに与えられる名誉です。
外務省では世界の40か国語以上の言語の専門家達が
日々研鑽と周到な準備を重ね、誇りを持って通訳業務に従事しています。

１９８１年7月から2年間のルーマニア語研修を終え、私は１９８３年7月に現地大使館で新米外交官として働きはじめました。日本からの来訪者のサポートをはじめ、さまざまな機会で通訳業務も担いました。もちろん最初からうまくはいきません。有能な通訳者になるためには、語学力の向上は当たり前。場数を踏んで経験を重ねることも重要です。駆け出しの通訳担当者として失敗と反省を繰り返しなが

福田元首相（手前左）とマネスク首相（同右）との間で通訳する筆者。チャウシェスク大統領との会談の場へ向かう（1984年4月。ルーマニア・ブカレスト）

らも、毎回、前向きに取り組みました。

その後も長い外交官生活の中で、数多くの通訳業務を経験してきました。国家元首の通訳を初めて務めたのは1984年4月。ルーマニアのチャウシェスク大統領を、福田赳夫元首相が訪れた際でした。大役を前に不安を覚えた私は、先輩からの助言を思い出し、会談の2週間前から毎日朝晩、大統領演説集などの音読を続けて備え、無事に大舞台を終えました。2度目のルーマニア駐在期間中の1997年7月には、コンスタンティネスク大統領訪日の際、日本に出張しました。橋本龍太郎首相との首脳会談冒頭、相手側通訳の能力を見取った担当課長から「片山君、両方やってくれ」との指示を受け、私は全力で双方向通訳を務めました。また、２００４年７月にウクライナの日本大使館に着任して以降、ロシア語の学習を進め、次第にそのロシア語での会話にも慣れてきていた２００６年の年末に、ルーマニアへの出張を命ぜられました。私は２週間前の現地入りを求め、首都ブカレスト到着後はルーマニア語の感覚を取り戻すべく、終日音読を続けました。

こうして、翌２００７年１月の麻生太郎外相の同国訪問時、バセスク大統領やタリチャーヌ首相らとの会談で通訳

麻生外相（左端）とタリチャーヌ首相（右端）の会談で通訳を務める筆者（左から2人目）（2007年1月。ルーマニア・ブカレスト）

者の役割を果たしました。

通訳業務とひと言でいっても、内容は実にさまざま。友好的な会談もあれば、意見が激しく対立する厳しい交渉もあります。そのような役割に臨むための心構えとしては、事前にとにかく徹底的に勉強して準備すること、外交儀礼や社会常識を十分に踏まえた表現を使うこと、そして、誰にでも聞き取りやすい明瞭な声で話し、常に冷静に黒子役に徹することなどがあると思います。

通訳者という役割を通じて、各界の著名人や専門家と直に接することができ、たくさんのことを学べたことは幸運でした。そして、皇族の皆様方による国際交流のお手伝いをわずかでもさせていただけたことを心から光栄と感じています。

外務省で働く40か国語を超える言語の通訳者たちは、外国語と日本語で極めて高い表現能力を持つ精鋭たちであり、国内最強の語学専門家集団です。各言語の背景にある歴史や文化にも精通した通訳者たちは、日々研鑽を重ねながら、日本の外交活動をしっかりと支えています。私もその一員として、今も必要があれば十分な準備をして通訳業務に臨む姿勢を堅持しています。

初めての通訳、そして最後のお務め

通訳業務から私が得たもの

生まれて初めて担当した通訳の仕事を、私は今でも覚えています。ルーマニア語の研修開始後９か月目の１９８２年３月、日本から訪れた国会議員団の通訳でブカレスト市内の重機械工場を訪れたのが最初の経験でした。事前に上司からは「15分程度の懇談だから気楽なもの。良い体験になるよ」と伝えられていたのですが、現地に着いてみると、特別貴賓室内の特大の長机の一辺に共産党中央委員の工場長以下先方約20名がずらりと並び、こちらも議員の方々と随行者など約10名が反対側に座るという、国際会議さながらの雰囲気となりました。この時は仰々しいあいさつの交換から始まって、工場見学を含めたっぷり１時間余り、何とか務め終えたものの、満足に訳すこともできなかった当時24歳の私は、通訳とはこれほどまでに残酷な仕事かと驚き、落胆しました。

その後、語学研修終了後の2年半と1990年代半ばの3年余り、さらに2008年夏からの約4年半、通算10年間を上回るルーマニア駐在期間中に、政府要人や政治家、ビジネス関係者、あるいは文化芸術分野の専門家の方々など、実にいろいろな分野の通訳を担当させていただきました。とても厳しい職務であるとの印象は今も変わりません。しかし、振り返ってみると、むしろ自分にとって成長の糧となるためのたくさんの経験を得ることができたと感じています。

例えば、ルーマニアの過去4人の大統領の発言振りも四者四様でした。チャウシェスク氏は内政不干渉や核軍縮といった原則論を議論しはじめると途端に雄弁になりました。党内で一度は下位に降格されながらも、卓越した政治力によって国家元首にまで上り詰めたイリエスク氏からは政治家としての粘り強さが感じられました。ブカレスト大学学長を務めた後に大統領に就任したコンスタンティネスク氏の発言は理詰めで誠意も感じられ、外国文化に対する関心も人一倍大きいようでした。そして、バセスク大統領からは独特の庶民的感覚が感じられたように記憶しています。大

モルドバ政府労働・社会保障省ベフトールド副大臣（中央左）と会談した「公明党ウクライナ避難民支援・東欧3か国調査団」の、中央右から順に谷合正明参議院議員（団長）、高橋光男参議院議員、河西宏一衆議院議員。筆者（左）が大使として議員の皆様を紹介した後、通訳を担当した（2022年9月。モルドバ・キシナウ）

統領などの要人以外では、例えば、モントリオール五輪で活躍した後にコーチを務めていた元女子体操選手のナディア・コマネチさんは、とても静かな感じの女性でした。

また、異文化の中で育った外国人との会話の中では論理の展開、相手に接する際の表情、統計数字や挿話の使い方、そして各人の人柄などが意志疎通の成否を大きく左右します。通訳という仕事を通じて、これらの諸点に秀でた数々の日本人の方々のお手伝いをさせていただけたことも有り難く感じています。このように、通訳を務めるこ

ルーマニアを訪問した福田赳夫元首相(右、奥から4人目)の隣で通訳を担当する筆者(右、奥から5人目)(1984年4月)

とは外国語と日本語双方での表現力を高めるという点で貴重な訓練の機会であったと感じています。

さて、2022年9月半ば、日本政府がウクライナ避難民支援対策を検討するに際しての参考とすべく、日本から3名の国会議員がこの国を訪問し、モルドバ政府の対応ぶりやウクライナ避難民の生活環境の視察などを行いました。この時、通訳初体験から40年以上を経て、内務省及び労働・社会保障省の各副大臣との会談の通訳を私が務めることになりました。各会談の冒頭では、私が大使として議員の皆様を紹介し、その後の双方の発言は私が往復で通訳しました。このような会談の通訳を大使が務めることは極めて異例なのですが、不思議なことに私自身ほとんど違和感がありませんでした。むしろ、退官も近づく中で再びこの仕事をさせてもらえて光栄とすら感じました。

改めて申し上げるまでもなく、語学の勉強に近道はありません。毎日必ずその言語に接し、コツコツと取り組んでいくことが必須です。そんな中で、もしも機会があれば通訳を体験されることをお勧めします。知らない単語や言い方に出合ったら、それは自分の表現の世界を広げるためのチャンス、と前向きに考えれば良いのです。語学学習に真剣に取り組んでいる皆さん、もしも機会があればぜひとも通訳という役割にチャレンジしてみてください！

稽古場は有楽町

スピーチで磨く英語力

スピーチであれ、外交交渉であれ、
外国語で優れたプレゼンテーションができることは外交官に必須の能力です。
「有楽町トーストマスターズクラブ」で積み重ねた3年半の経験は、
その後の私の外交活動をしっかりと支えてくれました。

1990年1月末、トロント駐在を終えてカナダから帰国しました。3月には第4子の次男が生まれ、千葉県内の狭い官舎で家族6人暮らしが始まりました。ルーマニアでの語学研修から始まり8年余り。カナダで終わった初の海外勤務の経験を通し、痛感したことが二つありました。一つ目は、日本に関するさまざまな事柄を、外交官として外国の方々にきちんと説明できる能力を身につける必要があると気づきました。そこで目標に掲げたのが、通訳案内業（現・通訳案内士）免許の取得です。日本を紹介する英語の書籍などを教材として勉強し、１９９０年末に免許証を手にしました。もう一つは、カナダ駐在期間中に伸ばした英語力を一層向上させること。ただ、英会話学校の授業料はおおむね高額です。妻と子ども４人を養う若い国家公務員の小遣いはわずかでしたので、こちらはあきらめ気味でした。そんな時、「トーストマスターズ」という活動を知ったのです。政治や宗教などは一切関係なし。人前で効果的に発信する、いわゆるパブリックスピーキングの能力アップを目的とした会合です。

私が所属したのは「有楽町トーストマスターズクラブ」でした。会場はＪＲ有楽町駅前の外資系銀行の支店。月2回のペースで、毎回2時間開かれます。ビジネスマン、大学教授、英語教諭、外国人――。職種を超えて、毎回20数人が参加。内訳は英語を母国語とする人と日本人がおおむね半々でした。会費は半年分で２０００円ほどだったと記憶しています。クラブ入会時に受け取る教科書には、スピーチの案文の作り方や、プレゼンテーションの進め方などが解説してあります。クラブで

オレグ・ツレア外務・欧州統合大臣と臨んだ共同記者会見でスピーチする筆者。開発協力に関する公式文書の署名後に行われた（2020年6月。モルドバ外務・欧州統合省）

は毎回、5人が教科書の課題に応じてスピーチを準備して発表。これを評価する意見を5人がスピーチします。即興で質疑応答するセッションもあります。司会役や時間を計る役、見学者への案内振りなども含めて会合全体を総合的に評価する発表を行う役などもありました。役所の仕事を何とか早めに終えて、開始時刻の午後7時までに会場へ向かうのはなかなか大変でした。しかし、私は約3年半この活動に参加して全ての役割を体験し、多くのことを吸収できたと感じています。

会合でのスピーチなどを中心に、今、コミュニケーションを行う際に私が常に心掛けていることがあります。①行事の趣旨を踏まえて、私の立場で伝えるべきメッセージを明確にする、②誰にでも分かる言葉で案文を作り、事前に声に出して反復練習する、そして、③プレゼン時には聴衆のハートに向けてメッセージを送り届ける、この3点です。

ところで、クラブの会合終了後はいつも、お茶とクッキーの時間でした。私が勤務する霞が関とは異なる分野で活躍されているメンバーから、興味深い話を毎回聞かせていただきました。「有楽町トーストマスターズクラブ」。コミュニケーション能力を高められる楽しい稽古場でした。

外国語で発信するということ

国際社会で活動する日本人として

私たち日本人が外国語と言う時、おそらくほとんどの方が英語を思い浮かべることでしょう。事実、ビジネスであれ、科学技術や文化面での交流であれ、英語での会話ができることを前提として対話が進められています。外交の世界でも、各国要人が自ら英語で演説などを行うケースが増えています。他方、このようにして国際語としての英語の存在感が増していく中でも、英語以外の外国語を学ぶことの大切さには、いささかも変わりはありません。むしろ、さまざまな国々との間で相互理解を深めていく上で、各々の地域の言語で意思疎通ができることには大きな意味があります。私自身も、ルーマニア語やロシア語を話せるおかげで、モルドバ駐在期間中にはテレビなど現地マスメディアによるインタビュー番組に頻繁に出演する機会を得ました。

さて、国際社会が今後ますます緊密化する中で、私たちは、外国語で効果的に情報発信する能力を高めていく必要があります。ここでは、外交官という職業を通じてさまざまな形の国際交流に従事してきた経験から、外国語でのプレゼンテーションや外国の人との対話に関して、我々日本人として心掛けておくべきであろうと私が考える点についてご紹介します。

まず第一に、一定レベル以上の語学力という土台を身につけることが前提になることは言うまでもありません。英語を含めたさまざまな外国語の学習方法についてては、多くの専門家がいろいろな勉強の仕方などを示してきていますので、それらも参考にしながら自分に合った学び方で進めていくのが基本となります。ちなみに私の場合は、英語の勉強を興味深いと感じはじめた高校時代から、「書いて覚える」ことを意識してきました。外国語の教科書を読んだり、NHKラジオ講座を聴いたりすることに加えて、自分の手を動かしてノートに書き写す動作を何度も何度も繰り返しながら、語彙や文法の構造などを身につけてきたように感じています。なお、今の時代ではインターネットを通じて外国のニュースや語学講座などを常時聴けますので、そのような環境も活用して生きた外国語に触れる時間をできるだけ増やすべきでしょう。

2点目は、日本のことについて外国の人たちにきちんと説明できるようになることです。私たち日本人の文化や歴史、あるいは社会常識などについて相応の知識を持ち、必要に応じて相手方に教えてあげることにより、相互理解がグッと実現しやすくなります。ちなみに、逆の立場で想像してみてください。対話の機会を得た外国人に、その国の諸事情について質問しても満足のいく説明をもらえない場合、貴方はその人を信頼して語り合えますか？　外国人との間でお互いへの信頼感を保ちながら対話するためにも、私たちには私たち自身について外国語で紹介できることが求められます。なお、相手方への配慮ももちろん大切です。世界には多種多様な人たちが、さまざまな歴史的、地理的、宗教的そして文化的な背景や条件の下で暮らしています。外国人との対話はこれらの側面を踏まえた上で行うことが必要です。

3点目はプレゼンテーション能力の向上と事前の準備です。まずは日頃からの心

モルドバの首都キシナウ市内の会合等で発言する筆者(いずれも2022年)

構えとして、外国人との対話や聴衆を前にしてのスピーチの際などに、自分の気持ちや考えなどを明確に発信できるようになるために、例えば、プレゼンテーションの現場で自分が使えそうな表現などを勉強の過程で見つけた時にはメモしておくことが効果的です。あるいは、もしも可能であれば、折りに触れて時事問題などについて英語でグループ討論を行う場を作ることも良いでしょう。そして、本番に臨む前には、スピーチであれ対談であれ、イベントの目的を十分に踏まえた上で、聞き手が理解しやすいような外国語の表現を用いて発信のポイントを準備しておくことが肝要です。ちなみに、各種の会合などでは、事前に用意された原稿を棒読みするだけの人や、いかにも自信がなさそうにスピーチを行う方々もお見受けしますが、それでは聴き手の気持ちを動かすような発信は困難です。プレゼンテーションの前日には音読で反復練習し、発表時には必要に応じて身振り手振りや表情も加えながら、誠心誠意、気持ちのこもった自分自身の言葉を聴衆一人一人の心に向けて送り届けることが必要です。

このような視点も意識しながら、若い世代の皆さんが外国語を勉強するとともに、異文化で育った相手にも明確に伝わるようにという目的意識も持ちながらプレゼンテーションの経験も積んでいかれることをお勧めします。さまざまな場所で実践も重ねながら、将来の日本を背負う人材として国際社会で活躍されることを祈っています。

第3章

ケニア単身赴任時代

外務省入省から36年後、
突然舞い込んできたケニア駐在への打診でした。
不安混じりで始まったアフリカでの仕事でしたが、
おおらかな人々と豊かな自然に囲まれた環境の中で
私はたくさんのことを経験し、学ぶことができました。
入省して以降、常に新たな分野に積極的に
挑戦してきたことへのご褒美だったと感じています。

初のアフリカ単身赴任

豊かな自然・文化息づくケニアへ

異なる文化や風習、自然を体験できる喜び、そして日本政府が開発途上国の支援のために行う政府開発援助（ODA）の存在感。3年半のケニア駐在を終える時、こうしたことを実感しました。外交官としてアフリカで仕事をさせてもらえる機会を得たことは、私にとって貴重な経験になりました。

アフリカの国々の中でも、ケニアの名前はきっとご存じでしょう。一体どのような国でしょうか？　私は2016年7月、ケニアの首都ナイロビに着任しました。アフリカへの出張は何度か経験していたものの、外務省生活36年目、58歳にして初めてのアフリカ大陸への単身赴任です。

着任して最初の仕事は、8月末に現地で開催された「第6回アフリカ開発会議（T

ＩＣＡＤⅥ）」への対応でした。この開発会議は、日本政府主導で１９９３年から開かれ、国連や国際社会にアフリカの開発を広く呼び掛けてきた取り組みです。その海外初の会議がナイロビで開かれたのです。日本とケニアの交流の深さは、政府開発援助（ＯＤＡ）の分野で顕著です。東アフリカ地域で最大のモンバサ港を擁し、周辺諸国への玄関口として地域経済の中心的な役割を担うケニアは、サハラ砂漠の南に位置する49の国々の中で、わが国からのＯＤＡの最大の被供与国です。日本からの支援は、インフラ整備や農業、衛生、教育、地熱発電などさまざまな分野で活用されています。そして、このような環境の中で、多

マサイマラ国立保護区訪問時に出合ったチーター（2018年５月）

ナイロビ自宅前で。左から庭師のパトリックさん(ルヒヤ族)、筆者、家政夫のアレックスさん(カンバ族)、そして自家用車運転手兼ギター講師のトニーさん(ルオ族)(2019年11月)

数の日本企業がケニア経済の発展に貢献しています。

また、ケニアには豊かな自然が残り、多くの野生動物が生息しています。国土は日本の約1・5倍。多数の国立公園や動物保護区があり、ガイドの案内で四輪駆動車に乗って観光できるのも大きな魅力です。中でも、タンザニアとの国境に位置し、大阪府と同規模のマサイマラ国立保護区は最も有名です。私も2018年5月、短期間訪れた妻とこの保護区を巡りました。ライオンや象など、次から次へと現れる野生動物の姿はとても美しく、印象的でした。

ところで、ケニア人はどんな人たちでしょうか?人口約5300万人は42ほどの部族から構成され、各々が独自の言語と文化、習慣を持っています。

従って、ナイロビなどの都市部を除き、ケニア国内の各地域で生まれた子どもたちは、まず両親の話す部族語を聞きながら育ちます。成長して学校生活や周辺地域との交流が始まると、東アフリカ諸国で広く話されているスワヒリ語が部族間の共通語として必要となります。さらに、歴史的な事情もあって英語も広く話されることから、スワヒリ語と英語が公用語となっているわけです。

こうして、２０１９年12月までの3年半駐在したケニアで私は貴重な経験ができました。特に、さまざまな分野で活躍する魅力的な方々と接することができたことを幸運と感じています。

人口約300万人の大都市ナイロビの中心部にあり、2016年8月のTICAD VIの会場となったケニヤッタ国際会議場

笑顔づくりの直接協力

農村に給水所　脱重労働

小・中学校や幼稚園などの設備修復や医療機関への機材供与、あるいは下水道整備など、プロジェクトの完成式典はたくさんの笑顔であふれます。途上国の日本大使館が、現地のニーズを直接把握しながら、心を込めて進める「草の根無償」を担当する喜びを感じる瞬間です。

日本政府が行っているさまざまな開発協力の中から、「草の根・人間の安全保障無償資金協力（通称・「草の根無償」）」というスキームをご紹介します。2016年10月28日、ケニアの大使館で勤務していた私は、首都ナイロビを早朝の便で発ちました。1時間余りのフライトの後、さらに3時間ほど起伏の激しい丘陵地帯を四輪駆動車で西方に向かいました。着いたのはウガンダとの国境に程近いウゲニャ県。草の根無償で実現した「カラドロ村給水計画」の完成式典に参加するためでした。

アフリカの多くの国々と同様に、ケニアでも水を巡る状況は深刻です。ナイロビなどわずかな大都市では水道が広く普及している一方、地方の農村部にとって水の確保はいまだに難題です。カラドロ村でも、生活に必要な水を得るのは各家庭のお母さんたちの仕事。バケツなどの容器を持って、数キロの道のりを歩いて川に向かいます。ただし、砂ぼこりなどが含まれている川の流水をそのまま持ち帰るわけにはいきません。まず河川敷に穴を掘ります。湧き水の中で小さなごみ

ケニアのカラドロ村に建設された給水所（右写真）、完成式典で村長たちに招かれて祝いの踊りの輪に入る筆者（左写真）（いずれも2016年10月）

教育環境改善を日本が後押ししたモルドバ・キシナウ市の幼稚園。園児たちには視覚障害がある（2019年5月）

や砂などが沈殿するのを待ち、上澄みのきれいな水だけを少しずつ集めます。この作業を何時間も続けた後、合計10キロ前後にもなる水の入った容器を両手に抱え、あるいは頭の上に載せて自宅に戻ります。この重い負担を解消するため、カラドロ村一帯に近隣のダムから水を引く建設事業を、日本政府の資金で進めました。全長6・5キロメートルの導水管を敷設。給水所5カ所と給水塔なども造りました。

完成式典では、村長や地域住民の代表者から深い感謝の気持ちが示されました。私もあいさつの中で、日本国民の税金を使って供与されたこの設備を大切に活用すべく、メンテナンスもきちんと行ってほしいことなどを述べました。この式典で最も印象に残ったこと、それは、今後は給水所を訪れるだけできれいな水を簡単に入手できることとなった、たくさんのお母さん達が浮かべた満面の笑みです。

草の根無償を通じた援助は、大使として赴任したモルドバでも、これまでに医療や教育分野を中心に70件以上が実施されています。多数の応募書類の精査から始まり、実地検査や面接などを経て、案件の内容や主催団体の能力なども含めて厳しい審査を進め、最終決定に至ります。

途上国の住民が直接に恩恵を受けることを目指し、大使館が現地のニーズをしっかりと把握しながら作り上げていく「草の根無償」。カラドロ村のお母さん達が見せてくれたような笑顔がより多くの人たちにも広がることを期待しながら、有益な案件の実施に向けて日々努力を続けています。

セーシェル外務大臣と故郷へ

ヒロシマの願いを共有

２０１８年12月、遠いインド洋の島国セーシェルのメリトン外務大臣は
広島を訪問し、広島平和記念資料館を見学。
そして、ご自身の被爆体験を英語で外国人にも語り継ぐという
活動を続けていらっしゃる小倉桂子さんのお話を注意深く聴き、
「広島を訪問して本当に良かった」と私に語りかけました。
その５年後の２０２３年５月の広島サミットでは、
平和への願いが被爆地ヒロシマから世界に向けて広く発信されました。

セーシェル共和国はアフリカ大陸の東方約１３００キロに浮かぶ島国。漁業と観光業が主要産業で、人口は約10万人。首都ビクトリアの所在するマヘ島を中心に１１５の島々がつくり出す景色は美しく、「インド洋の真珠」とも呼ばれます。

このセーシェルのヴィンセント・メリトン副大統領兼外務大臣が、２０１８年12月に日本を訪問しました。その頃、この国には日本大使館がなく、ケニアの大使館が担当していたため、そこに所属していた私がメリトン外相に随行することになりました。訪問は京都から広島に向かい、外相会談などが行われる東京での諸行事を含めて1週間の日程でした。私にとっては外務省入省後初めての故郷広島での仕事にもなりました。

一行が広島に到着したのは12月3日の朝。薄曇り空の下、フェリーで宮島（廿日市市）へ渡りました。メリトン外相夫妻たちは、海上に広がるかきいかだに驚いたのに続き、深い霧の中から現れ出た朱の大鳥居、そしてその後方に広がる嚴島神社の美しさに息をのんだ様子でした。また、嚴島神社を訪問中には和服姿の七五三の子どもと、結婚式を終えたばかりのカップルにも出会い、日本文化の一端を紹介する機会にもなりました。

午後、一行は広島市内中心部の宿舎から歩いて原爆ドーム、原爆の子の像を訪ねて案内を受けた後、原爆死没者慰霊碑前に花をささげ、広島平和記念資料館でさま

原爆死没者慰霊碑に献花したセーシェルのメリトン外相夫妻(左から2人目と3人目)たち一行(2018年12月)

ざまな被爆資料や遺品などを見学しました。そして、小倉桂子さんから被爆体験を聞きました。優しい響きの英語による語り掛けはとても分かりやすく、広島への原爆投下によって多数の罪のない人々を襲ったさまざまな状況を詳しく説明していただきました。

滞在中、一行は昼食時に焼きがきや穴子飯などを堪能し、夕方には広島本通商店街をゆっくり散策しながらお好み村に向かいました。私も幼い頃から大好きだったお好み焼。鉄板を囲んだ一行も大満足でした。

同月5日に開催された、河野太郎外

務大臣とセーシェル外相との会談も中身の濃いものとなり、一行は7日夜に羽田空港を後にしました。飛び立つ前、メリトン外相は広島訪問について私にこう語りました。「広島平和記念資料館を見学し、小倉桂子さんのお話を聞くことができて、本当に幸運だった。ヒロシマの悲劇を決して繰り返してはならず、そのためには国際社会の全員が核軍縮への意識を高めていくべきであると思う。貴重なお話をお聞かせいただいた小倉さんに改めてお礼を伝達していただきたい」。

わずか1日という短い滞在でしたが、メリトン外務大臣は広島滞在を満喫し、そして平和を願う私たちの気持ちをしっかりと受け止めてくれたようでした。

広島平和記念資料館で小倉桂子さん（中央）から被爆体験を聞いたメリトン外相（左から4人目）と筆者（右端）（2018年12月）

邦人保護の現場

ケニアでテロ、寝ずに対応

私が在ケニア日本大使館の代理大使として執務中、突然舞い込んできたナイロビ市内でのテロ事件発生情報。大使館では直ちに緊急対策本部を設置して邦人救出のために全力を尽くしました。海外で日本人の安全を守ることは大使館や総領事館の最も基本となる仕事です。トラブルに巻き込まれた時など、遠慮なく連絡してください。

東アフリカ地域経済の中心地ケニアには、多数の日本企業が事務所を構えています。留学生や国際機関に勤務する人たちも含めると、在留邦人は700名を超えます。さらに、サファリなどの観光地には多くの日本人観光客も訪れます。一方、ケニアは貧富の格差拡大や部族間対立、難民流入、違法武器取引などを背景に、各地で凶悪犯罪や暴力事件、日常的な窃盗・強盗が発生するなど、治安上の問題も抱えています。

2019年1月15日午後3時すぎ、大使が休暇中のため代理大使を務めていた私の執務室に警備班長が硬い表情で入ってきました。「テロ事件の発生です。日本人4人が閉じ込められています」。ソマリアを拠点とする過激派組織アル・シャバーブの集団がナイロビ市内の高級ホテルと外国企業事務所などが入る複合施設を襲撃。死者も出ており、依然として大勢が建物内に取り残されていました。直ちに全大使館員を大会議室に集め、私の下に緊急対策本部を設置しました。

突然発生した邦人救出オペレーション。

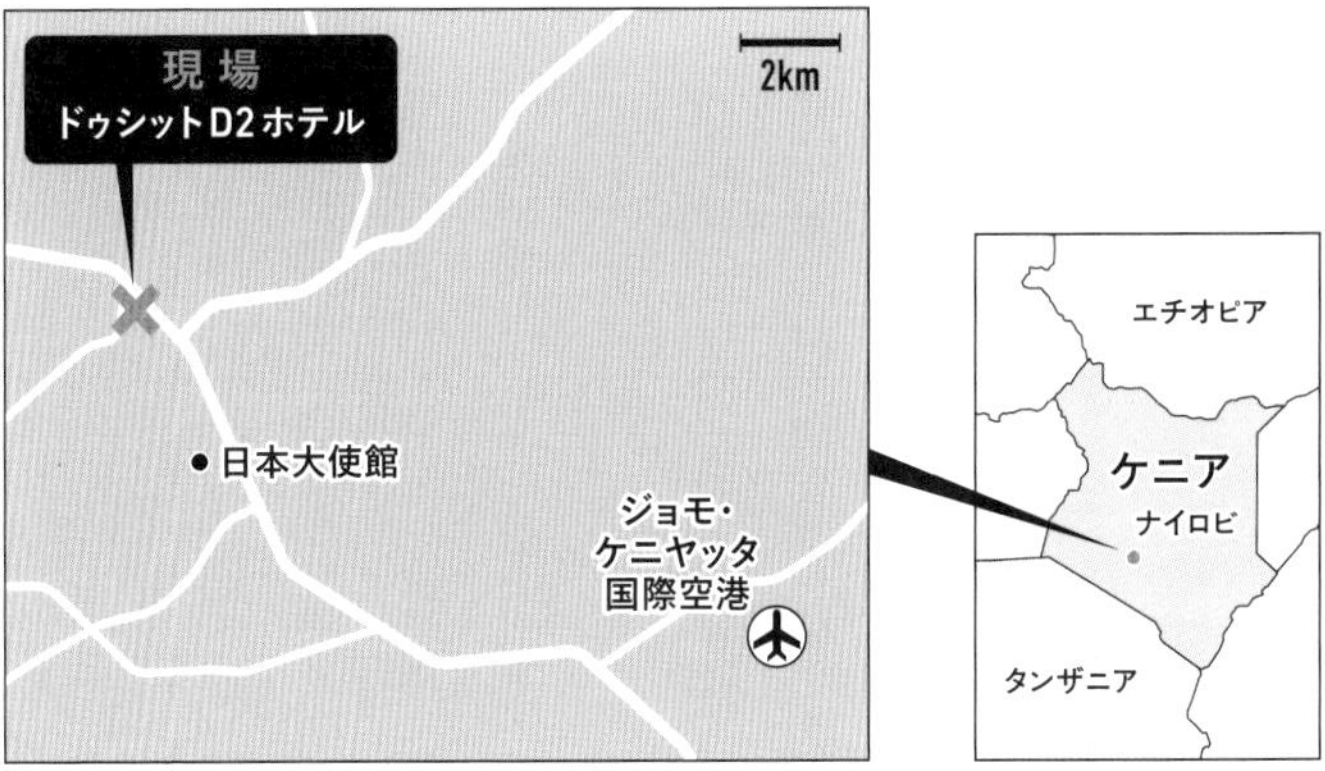

外務本省のテロ対策専門家たちの助言も常時受けながら指揮を執りました。まずは政務班と警備班が情報収集に努めました。ケニア警察当局からの情報は常に有益でした。領事班は邦人の安否確認作業を続けると同時に、在留邦人緊急連絡網を通じて日本人学校、旅行会社、国際機関や日本商工会などへ最新情報の送信を継続。閉じ込められた駐在員4人とは、経済班長が電子メールなどで連絡し合い、安全確保のための指示を伝えました。報道対応は広報文化班長。緊張感で押しつぶされそうな時間が続きました。

張り詰めた空気の中、ケニアの治安部隊突入により救出された人たちの中に邦人3人が含まれているとの情報を受けたのは午後6時前。救出後の安全確保のため、大使館からは直ちに館員が同乗した防弾車を出して3人を大使不在の公邸に移送し、待機していた大使館医務官が心身両面のケアに当たりました。午後7時半頃に救出された残る1人にも同様に対応し、私たちの必死の闘いが一段落しました。ただ、大使館が把握していない日本人旅行者が施設内に閉じ込められている可能性もわずかに残ります。私は翌朝まで一睡もせずに推移を見守り続けました。ようやくほっと

ナイロビの襲撃現場で治安部隊に守られ避難する人々（2019年1月15日）
写真提供：ロイター＝共同

できたのは、ケニヤッタ大統領が事態終息宣言を出した翌16日の午後でした。

さて、私にとって初の邦人保護業務は、ルーマニアの日本大使館で仕事を始めた後の1983年秋の日曜日夜。ドライブの帰路にドナウ川北方の村で接触事故を起こし、手詰まり状態だった夫妻を支援した時でした。私は首都ブカレストから自家用車を1時間半運転して現場に急行。ルーマニア語を駆使して事故の相手や警察官たちと交渉して示談にこぎ着けました。この時以降、これまでの長い海外駐在期間中にさまざまな形でこの業務に従事してきました。中には悲しい事件に接して涙したこともありました。くわしくは語れませんが、外交官人生で最もつらい記憶です。

国土交通省（観光庁）によると、ケニアでテロ事件が発生した2019年に日本人の海外旅行者数は2000万人を超えたようです。海外で自分の身を守るための心構えや具体的指針などがくわしく説明されている外務省の「海外安全ホームページ」を折に触れて確認することを強くお勧めします。そして、もしも渡航先で犯罪やその他のトラブルに巻き込まれた時には、ちゅうちょなく現地の大使館や総領事館に連絡してください。海外で日本人の生命・身体を危険から保護することは外交官にとって最優先任務の一つです。ケニアでも、モルドバでも、そして、世界のあらゆる国々で、私たちに与えられた役割を全力で果たすことをお約束します。

NGOは欠かせぬパートナー

きめ細かく難民を支援

日本の非政府組織(NGO)が世界各地で国際協力活動に取り組んでいることをご存じでしょうか。私がケニア駐在中にお目にかかった方々も、現地の人々のニーズを踏まえたきめ細かい援助に汗を流していました。外務省もNGOの活動を多方面で支援し、両者はしっかりとタッグを組んで途上国支援に従事しています。

2016年9月10日、当時赴任していたケニアで、首都ナイロビから国連機に乗り、同国の北東部に位置するダダーブ難民キャンプを訪ねました。隣国ソマリアが1991年に内戦状態となったことを受けて、多くの人々が身の危険や食糧難などから逃れるため、国境を越えてこの地域に流入。これに対応すべく、国連難民高等

ダダーブ難民キャンプを視察した筆者（2016年9月）

弁務官事務所（UNHCR）が1991年10月から翌1992年7月にかけて、この地域に難民キャンプを造ったのです。訪問当時はダガハレィ（Dagahaley）、ハガデラ（Hagadera）、そしてイフォ（Ifo）の3拠点を中心に約30万人のソマリア難民が暮らす世界最大規模の難民キャンプとなっていました。

ここではUNHCRの管理の下で、ケニア政府や国際機関による各種協力が行われていますが、それと同時に食糧配給、職業訓練、水や衛生面の管理、あるいは教育に関する業務の多くが、欧米諸国や日本のNGOなど各国の援助団体によって実施され、難民の生活を支えています。視察中に私の目に留まったの

ピースウィンズ・ジャパン（PWJ）による仮設住宅建設支援事業（キャンプ内ダガハレイ地区）（2016年9月）

が「ピースウィンズ・ジャパン（ＰＷＪ）」の名前でした。広島県神石高原町に拠点を置く、海外人道支援などを中心にさまざまな活動を続けるＮＧＯです。１９９６年に大西健丞《けんすけ》氏が設立し、現在では５００人以上のスタッフが世界各地で国際協力に汗を流しています。難民世帯のための住環境確保が遅れているここダダーブでは、仮設住宅の建設あるいは地域住民に対する建設技術支援などの活動を行っていました。

今、国際協力活動に取り組んでいる日本のＮＧＯは４００団体以上あるといわれます。ＮＧＯによる支援の特徴は、開発途上国の中で現地住民のニーズを踏まえて、きめ細かく人間味のある援助ができること、そして政府や国際機関による支援では手の届きにくい分野や形態での援助の実施が可能なことです。例えば、２０１９年３月時点で、ケニアではＰＷＪ、「難民を助ける会（ＡＡＲ Ｊａｐａｎ）」（青少年育成保護事業）、「日本国際民間協力会（ＮＩＣＣＯ）」（診療所改善事業）、「ＨＡＮＤＳ（Health and Development Service）」（幼児栄養改善事業）、「ジーエルエム・インスティチュート」（初等教育機会拡大事業）、「日本リザルツ」（結核の予防・啓発事業）および「日本紛争予防センター（Reach Alternatives：ＲＥＡＬｓ）」（若年層支援を通じた平和構築事業）の計7団体が活動を続け、地方の村やスラム地区などさまざまな場所と条件の下で、ケニアの人々の生活向上に貢献していました。

さて、このようなＮＧＯの活動を政府からの資金提供という形で支援すべく、外務省が２００２年に開始したのが「日本ＮＧＯ連携無償資金協力」という制度です。２０２０年には、この枠組みを活用して59のＮ

ケニアで活動中のNGO7団体の関係者を招いての食事会。楽しいひとときを過ごした（2019年3月）

GOがアジア、アフリカ、中東、中南米などにある35の国や地域で計１０９件の事業を実施しました。資金面だけではありません。NGOが活動基盤を強化して一層貢献できるよう、外務省は専門性向上や人材育成などの能力向上に役立つ支援をし、NGOとの対話も行っています。

開発協力の分野で、NGOは政府にとっての重要なパートナーです。国民参加による日本の「顔の見える開発協力」推進の代表格と言えます。オールジャパンでの外交を展開する観点からも、開発協力や人道支援などの分野でますますの活躍が期待されています。

第4章

マルチ外交と国際機関

50代半ばで、多数の国や国際機関などとの
交渉に従事する、いわゆるマルチ外交に従事しました。
全力で挑んだ私の経験を紹介します。
また、この時期にさまざまな国際機関で働く
日本人の活躍振りを直接目にしました。
ウクライナ避難民を迎えたモルドバでも、
彼らのキラリと光る姿がありました。

マルチ外交の実際
対立乗り越え合意形成

さまざまな分野で開催される国際会議。
各国の立場が異なる中で、日本の国益を確保しながら
妥協点を見出すための交渉は常に厳しいものです。
ここでは、「マルチ外交」分野での私の経験を紹介します。
語学力に加えて深い専門知識と交渉力などを有し、
このマルチ外交の分野で活躍できる優秀な人材の養成が待たれます。

外交の世界には、2国間の交渉を意味する「バイ」（バイラテラル）と多国間の「マルチ」（マルチラテラル）の2つの概念があります。例えば、モルドバ共和国の政府だけを相手として協議を行う場合には「バイ」の外交活動です。これに対し、多数の国々が参加する国際会議の場で交渉に従事するのは、「マルチ」の外交となります。

COP19で深夜まで続いた先進国グループの作戦会議に参加した筆者(中央)たち(2013年11月。ポーランド・ワルシャワ)

海外勤務から帰国した２０１３年１月、私は外務省入省後初めてマルチ外交を担当することになりました。その分野は未経験の地球環境問題。国際会議には関係省庁の担当者らを率いて私が団長として発言、交渉を行うらしい……。辞令を受けてからは、霞が関から深夜に帰宅する日々が始まりました。英文の資料を読んで専門用語を覚え、過去の交渉経緯を整理して今後の対処方針を立てる。猛勉強の日々でした。

気候変動問題、生物多様性の保全と持続可能な利用、野生動植物や森林の保護、有害化学物質と廃棄物の問題、オゾン層保護や南極の環境保護などの課題に対しては、地球規模での取り組みが欠かせません。日本政府はこうした課題を外交の重要分野と位置付けてきました。ただ、地球環境の問題は経済活動など人間の営みと密接に関係しています。取り組みの内容や程度を巡って、各国の意見が異なることも少なくありません。事実、私が代表団を率いて参加したさまざまな締約国会議（COP）でも、往々にして先進国グループと途上国グループが激しく対立しました。両陣営は早朝や深夜にそれぞれ個別に作戦会議を重ねながら、厳しい交渉を続けていきます。そして、交渉の最終段階となる合意文書の作成作業は、議場内のスクリーンに映し出される案文をたたき台として進みます。独特の緊張感に包まれる場面。十分な論拠を示して自国に有利な表現を求めるには、高い英語力も必須です。

海洋にまつわる課題をマルチで議論する機会もありました。日本は四方を海に囲まれた海洋国家。エネルギーや資源の輸入のほぼ全てを海上輸送に依存しています。政府も海洋秩序の安定と維持に貢献するため、例えば海賊対処を目的として2009年からソマリア沖・アデン湾に海上自衛隊の護衛艦や哨戒機を派遣しています。海洋問題に関する国際会議のうち、「ソマリア沖海賊対策に関するコンタクト・グループ（ＣＧＰＣＳ）」と「ＡＳＥＡＮ地域フォーラム（ＡＲＦ）」関連会合など、私は合計12回の国際会議で共同議長役を務めました。共同議長は会議の進行を２～３名で担当。通常は先進国と途上国の双方から選びます。多様な意見を聴取し、対立を乗り越えて議論を集約しながら会議を成功に導くことは容易ではありませんが、私にとって貴重な経験となりました。

マルチ外交では、例えば国際会議で連日深夜まで交渉が続くことも多いため、長く厳しい交渉に耐えるだけの体力も必要になります。私自身

第7回ARF海上安全保障会期間会合で一緒に共同議長を務めた3人はとても仲が良く、お互いを愛称で呼び合った。フィリピン外務省のイッサ（右）、アメリカ国務省のマット（中）、そして筆者ヨシ（2015年4月。アメリカ・ハワイ）

も、２０１３年秋には気候変動枠組条約の第19回締約国会議（ＣＯＰ19）で予算交渉を担当するため11月９～23日、ポーランド・ワルシャワに滞在。その後は米ニューヨークの国連本部へ飛び、ＳＤＧsの土台となる議論が進められていた「持続可能な開発目標に関する公開作業部会」の第５回会合（同25～27日）で日本政府の立場を発表しました。３週間の海外出張を終えて月末に帰国。そして週明けには直ちに準備を始めて、12月４～６日に富山で開かれた日本海など北西太平洋地域の海洋環境の保護や資源管理などを目的とする枠組みの国際会議に参加しました。事前の準備も現場での交渉も本当に厳しい一連の会議でしたが、私は深い達成感を得たことを覚えています。

国際機関への招待

知識活かせる分野多彩

自身の能力や経験を活かして
国際社会に貢献することができるのが国連や国際機関での仕事です。
私が駐在していたケニアの首都ナイロビでも、
多くの日本人職員の方々が活躍していました。
国際舞台での活躍を目指す方々にとって、
国連や国際機関で働くことは魅力あるものでしょう。
外務省もしっかりサポートしています！

かつて赴任していたケニアの首都ナイロビは、東アフリカ地域の中心都市です。同時に、国連関連をはじめ、さまざまな国際機関の拠点という、もう一つの表情を持っています。市内から車で30分ほどの丘陵地にある広大な敷地に、多数の国際機関がアフリカ大陸での活動を統括する事務所を置いています。国連環境計画（ＵＮＥＰ）と国連人間居住計画（ＵＮ－Ｈａｂｉｔａｔ）の両機関の本部もここにあります。

２０１６年７月から３年半にわたる駐在期間中、ナイロビの国際機関で活躍する日本人スタッフ達と出会い、ともに働けたことは自らの貴重な経験になりました。日本職員の方々は世界各国から集まった専門家たちと働いています。一人一人がとても魅力的で、自宅での会食に招いては興味深い話を聞かせてもらったものです。特に印象的なのはこうした皆さんの経歴の多様さです。大学や大学院卒業後に日本国内の民間企業で働いたり、公務員を務めたり、あるいは教員や研究職などで実務を積んだ後、国際機関に進んで活躍しています。

ナイロビの丘陵地に立ち並ぶ各国の旗。国際機関が集まる拠点の１つ（2019年8月）

ＵＮＥＰで海洋生態系の保全と復元を担当する広島市出身の中村武洋《たけひろ》さんもそ

の一人。オゾン層保護推進事務局トップの妻・めぐみさんと共に、地球環境保護の分野に貢献しています。近年ナイロビでもほぼ毎年開かれる「原爆展」は、私と同じ被爆2世の中村武洋さんが中心になって準備を進めています。

さて、読者の皆さんの中にも国際舞台での仕事を目指す方がいらっしゃると思います。「世界の国際機関の4拠点」はアメリカ・ニューヨーク、スイス・ジュネーブ、オーストリア・ウィーン、そしてケニア・ナイロビです。これらにある機関をは

ケニア出張中に筆者（左から5人目）の自宅を訪ねてくれた根本かおる国際連合広報センター所長（同4人目）。現地の国連関連機関で活躍するスタッフも集まった（2019年3月）

じめ、さまざまな国際機関が専門知識を身につけたり、働いたりした経験を持つ人材を求めています。その分野は開発、人権・人道、教育、保健、平和構築、ＩＴ、法務、財務、広報、環境、理工学、農業、薬学、建築、防災など多岐にわたります。

国際機関での活躍を夢見て、そのきっかけを探す皆さんに、お勧めの窓口が2つあります。まず、「国際連合広報センター（ＵＮＩＣ）」です。根本かおる所長は、彼女がケニアに出張で訪れた際に知り合いました。根本所長は日本国内で報道分野に従事された後、国連難民高等弁務官事務所（ＵＮＨＣＲ）や世界食糧計画（ＷＦＰ）などで活躍。２０１３年から広報分野の責任者として、国連が取り組むさまざまな活動を積極的に発信しています。

もう一つは外務省の「国際機関人事センター」です。例えば、35歳以下の日本人に対し、原則2年間国際機関での勤務経験を積む機会を提供するＪＰＯ（Junior Professional Officer）派遣制度などをはじめ、外務省は各種のサポートを行っています。能力や経験を使って国際社会への貢献を目指す若人の皆さん。ぜひ夢に挑戦してください。

ウクライナ避難民支援で活躍する日本人プロフェッショナル達

国際機関で働くこと

大使として２０２０年2月にモルドバ共和国に着任後、私が直ちに始めたことの一つは、現地の国際機関事務所の代表者達との接触でした。ケニアの首都ナイロビという国際機関にとってのアフリカの拠点都市が前任地だったこともあり、何かの際に直ちに連絡を取り合える関係を築いておくことが目的でした。その後すぐにモルドバでもコロナ禍が急拡大した時、世界保健機関（ＷＨＯ）事務所から貴重な助言を得たことを思い出します。

そして、着任から2年後の２０２２年2月にロシアのウクライナ侵攻が発生。多数の避難民がこの国にも流入しはじめました。こうした緊急事態の下で、モルドバ政府やボランティア達が懸命に対応するのと並行して、国際機関もその活動を最高レベルまで急拡大しました。国連開発計画（UNDP）、国際移住機関（IOM）あるいは国連教育科学文化機関（UNESCO）など従来から現地に事務所を置いていた国際機関は、直ちに有能な専門家等を本部から急遽派遣するとともに、モルドバ人スタッフも大幅に拡充。また、その時点までモルドバに事務所を置いていなかった国連難民高等弁務官事務所（UNHCR）や国連世界食糧計画（WFP）他は、キシナウ市内に新たに拠点を開設し、こちらも同様に優れたスタッフを集めはじめました。日本政府も国際機関経由を中心とする対ウクライナ及び周辺諸国への支援供与を2月と3月に矢継ぎ早に決定しましたので、各国際機関としても、このような日本を含めた資金拠出国からの期待に応えるためにも早急に成果を出しはじめることが急務でした。

このような緊急事態の中で、各国際機関が首都キシナウの事務所に急遽派遣した有能な即戦力プレーヤー達の中に、二人の日本人女性がいました。それが、UNDPの横井水穂《よこいみずほ》さんとUNHCRの長谷川弓佳《はせがわゆか》さんのお二人です。神奈川県出身のお

モルドバの首都キシナウ市内中心部にある国連諸機関が事務所を構える建物の前で、横井水穂さん(左)と筆者。活動対象分野が広いUNDPは常にSDGsを念頭に各種業務を展開している(2022年7月)

二人とも、過去に幾つもの紛争地域で緊急事態に対応してきた経験をお持ちだったこともあり、まさにそのような能力を今回モルドバで発揮することが期待された模様でした。

横井さんに初めてお目にかかったのは4月上旬でした。明治大学卒業後にアメリカのミシガン州立大学とコロンビア大学の両大学院で学位を取得した後、JPOとして日本政府による費用負担を受けて赴任したガーナで、同国の歴史上初めて、選挙を経て平和裏に政権交代が実現した瞬間に立ち会ったそうです。UNDPでは東京事務所の後、アフガニスタン、イラク及びナイジェリアなど、いずれも治安に大きな不安のある任地に駐在し、紛争終了後の平和構築や復興に従事してきました。横井さんとの意見交換では毎回いろいろなことを学ばせてもらえたのですが、私にとって最も印象的だったのは、今回の避難民流入危機は、モルドバが将来の発展を呼び込めるチャンスでもあるという、長い経験と深い見識に基づく横井さんの考えでした。「世界がモルドバに注目し、ドナー諸国や国際金融機関などからの資金も豊富に得ている今こそ、モルドバ政府は経済成長や再生可能エネルギー分野などを中心に長期的な発展戦略を立てるべき」。UNDPモルドバ事務所では、まさにそのような考え方に立って、現地政府機関関係者としっかりタッグを組みながら、現下の厳しい情勢に耐えるだけでなく、将来の経済発展を遂げるべく取り組んでいるそうです。

また、長谷川さんとは6月初めにお話を聞かせてもらう機会ができた後、幾度か難民問題全般について意見を交わす機会がありました。長谷川さんは杏林大学卒業後にイギリスのランカスター大学とブラッドフォード大学の二つの大学院で国際関係論と平和研究で学位を取得し、難民問題に従事すべくUNHCRへ入りました。ス

ウクライナの港町オデーサまでわずか50キロの至近距離にあるモルドバ南部の国境の町パランカで、避難民受入れに従事するUNHCRスタッフ。左からアンドレイさん、カリナさん、長谷川さん、そしてアデラさん（2022年6月）

イス・ジュネーブの本部でキャリアを開始した後、タジキスタンやアフガニスタンに駐在の他、マケドニア（現・北マケドニア）とシエラレオネでの緊急任務も経験されています。モルドバには、トルコ・アンカラ事務所駐在期間中だった2022年5月に急遽派遣されました。「難民となった人々は何も悪いことはしていないのです。いつも弱い立場の人々がつらい状況に追い込まれてしまう中、私たちはそのような人々に対していろんな方法で手を差し伸べてあげる必要があるのです」と語る彼女の魅力は何と言っても「人間一人一人への愛情」と感じます。UNH

CRが設立されたのは第2次世界大戦後の1950年ですが、世界の難民問題が拡大し複雑化する中で、UNHCRの活動への期待は今後も増していくものと予想されます。

さて、私にとっては横井さんと長谷川さんのお二人に共通するもう一つの点が最も印象的でした。それは、お二人がご自身の仕事に対して大きな使命感と生き甲斐を感じていることです。国際機関での仕事に従事することを通じて、国際社会に貢献したいとの希望を学生時代に抱かれ、決して安くはない学費も自分で稼いで、外国の大学院で学びながら高いレベルの英語力も身につけました。そして、お二人ともそれぞれの国際機関で優れたスタッフとして大きな信頼を得て、責任ある役割を与えられているのです。このお二人のような極めて高い能力と意志を持つ日本人が、さまざまな国際機関で、世界各地の現場で活動しています。私はこれからもずっと応援したいと思います。がんばれ、日本のプロフェッショナル達!!!

マルチ外交への期待

最後の国際会議出席を終えて思うこと

２０２２年11月21日、私はフランス・パリに出張して「第３回モルドバ支援閣僚級会合」に参加しました。ロシアによるウクライナ侵攻後に、隣国モルドバに流入した避難民はこの国の人口約２６０万人の約20％にも及ぶ50数万人。このような緊急事態を受けて、主要国首脳会議（Ｇ７サミット）の議長国ドイツ、フランス及びルーマニアの３か国の主催により、４月５日にベルリンで第１回会合が開催され、このイニシアティブは６月下旬にドイツ・エルマウで開催されたＧ７首脳会合の場でも承認されました。７月にルーマニアのブカレストで行われた第２回会合に続くこの第３回パリ会合には、駐モルドバ大使の私が出席することになったものです。

会合では各ドナー諸国政府や国際機関代表者らから、モルドバに対する支援姿勢が表明され、もちろん私からも同様に、具体的な支援プログラムも紹介しながら、対モルドバ援助に向けた日本政府の明確な姿勢を発表しました。こうして、上記３か国の呼びかけは対モルドバ支援に向けた有益な枠組みとして立ち上がりました。そして、２０２３年10月にモルドバの首都キシナウで開催された第４回会合でもそのような姿勢が各国から表明され、日本の上川陽子外務大臣も、これまでの日本からのさまざまな支援にも言及した上で、「日本は、モルドバ政府及びモルドバ国民の皆様に寄り添い、ご出席の同志国の皆様と共に、日本ならではの支援を今後とも続けていきます」との力強いビデオ・メッセージを送りました。

さて、私はこの出張の時点で既に、約３年間の駐在を終えてモルドバからの帰国の発令を受けていたのですが、久し振りに参加したこの会合では、国際会議独特の雰囲気を懐かしく、また、心地良く感じるとともに、各国代表者達との懇談なども楽しむことができました。そしてそれと同時に、国際社会の大きな変化とさまざまな課題について再度考える機会にもなりました。例えば、このモルドバ支援イニシアティブ提唱国の一つであるルーマニアに私が初めて着任したのは１９８１年７月、

第３回モルドバ支援閣僚級会合に集まった要人達。前列中央の女性２人がフランスのコロンナ欧州・外務大臣(左)とドイツのベアボック外務大臣(右)。両者の左がルーマニアのアウレスク外務大臣。ベアボック大臣の右に、モルドバのポペスク外務・欧州統合大臣とスウェーデンのビルストロム外務大臣が並び、その右後が筆者(2022年11月21日。フランス外務省別館)

日本政府代表者として第3回モルドバ支援閣僚級会合に参加した筆者（2022年11月。フランス外務省別館）

アメリカを中心とする自由主義諸国とソ連が盟主の社会主義陣営が対立する、いわゆる東西冷戦が続いていた時期で、ルーマニアは社会主義国でした。冷戦後の1990年代半ばの2度目の駐在時には国内の諸制度は大きく変化。そして、3度目に着任した2008年4月時点で、ルーマニアはNATOとEUへの加盟を果たしていました。

このように国際社会は大きく変化してきた一方で、依然として多くの課題があることも事実です。例えば、第二次大戦後に戦勝国を中心として設立された国連については、安全保障理事会の改革や国連総会の再活性化などの必要性がこれまで長期にわたって叫ばれ、そのために日本政府も多大な努力を続けてきています。パリ出張を終えてモルドバの首都キシナウに戻った後、外交官としての職務を終えるに先立って、マルチ外交という視点から私は以下のようなことを感じました。

まずは、私自身が幸運であったことです。私はマルチ外交の専門家ではありませんが、50代の半ばで国際環境問題や海洋をめぐる諸課題の担当者となり、実にさまざまな国際会議の場で日本政府代表団を率いて交渉する責任者の役割を与えられました。約3年半の間に向かった海外出張は計51回で、232日間に及びますが、会議への参加準備も含めて猛勉強を続け、会合の現場では毎回全力で交渉に向かった日々でした。このような機会を通じてマルチ外交を経験できたことで、外交官としての視野を広げることができたように感じています。

二つ目は、高校生や大学生など若い世代の皆さんに、国際社会のいろいろな枠組みに関心を持ってほしいという点です。現在のグローバル化した世界では、国際社会が直面する諸課題に日本だけでアプローチしていくことはできません。既に山積している難民や紛争、テロ、環境・気候変動、感染症、水や食料をめぐる問題、そしてエネルギーなど、国際社会が抱える諸問題は今後ますます複雑さを増していくでしょう。若い皆さんには、日本の将来に向けてそのような諸課題の解決に取り組んでいただくべく、ぜひとも日頃から関心を持ってもらいたいと思います。

3点目は日本のマルチ外交への期待感です。日本はこれまでにマルチ外交の分野でもさまざまなイニシアティブを発揮してきました。例えば、「人間の安全保障」は「人間の一人ひとりに着目し、人々が恐怖や欠乏から免れ尊厳を持って生きることができるよう、個人の保護と能力強化を通じて、国・社会づくりを進めるという考え方」(外務省国際協力局資料)ですが、日本はこれを外交の柱の一つとして位置付け、国際社会の中で主導的に推進してきており、私自身もSDGsの土台を作った国連での作業部会の場で、この考え方を詳しく発表したことを覚えています。外務省の中では、マルチ外交に高い関心を持つ有能な若手省員が育ってきています。このような人材たちが、有益な内容に富んだ業務などを通じて、日々研鑽を重ねて大きく成長し、日本の国益に貢献する成果を生み出していくことがますます期待されています。

第5章

国際交流活動の勧め

ここまで、外交官を志した学生時代から、
責任を果たすべく奮闘した大使としての仕事の模様など、
私の経験を紹介してきました。
さまざまな国際交流分野での活動を目指す
若者の皆さんの希望が実現することを祈っています。

チャレンジを続ける皆さんへ

私の応援メッセージ

さて、ここまで外交活動の現場で私自身が体験してきたことや、国際社会で活躍するさまざまな日本人の活動などについて紹介してきました。最後に、国際交流分野を目指す人が持つべきだと私が考える心構えなどをお話しして、皆さんへの応援メッセージとします。

外交官としての私の海外駐在は、語学研修のため1981年7月に赴任したルーマニアの首都ブカレストで始まりました。2年間の研修に続いて、3年弱の若手書記官としての職務で約5年間、当時は社会主義国だったルーマニア社会の中で、私にとって全てが興味深い日々でした。また、カナダのトロントとアメリカのニューヨークに駐在できたことも幸いでした。外交活動に不可欠な英語力を高める好機になったことはもちろんですが、例えば、モザイク社会と言われるカナダと、メルティングポットとも称されるアメリカの社会の相違などは、現地で生活してみると実感できるように思えます。そして、還暦の手前で赴任したケニアは、外交官の私に新たなフロンティアを与えてくれました。首都ナイロビ市内には高層ビルが立ち並ぶ一方、地方に住む人々の生活はとても厳しいものですが、そのような地域で現地の方々のために汗を流して働いている日本人の医療関係者や国際協力機構（ＪＩＣＡ）の海外協力隊員、あるいは非政府組織（ＮＧＯ）の皆さんの姿があります。これらは私がそれまで見たことのなかった光景でした。こうして私は、三度駐在したルーマニアの他に、カナダ、アメリカ、ケニア、さらには２００４年から４年間勤務したウクライナ、そして最後に大使を務めたモルドバ共和国まで、合計30年間以上、日本の外交官として海外で仕事を続け、２０２２年12月、43年間勤務した外務省を退官しました。

幸せな外交官人生だったと感じる理由の一つは、本書の中で紹介した方々を含めて、世界のさまざまな場所で優れた日本人の皆さんの活躍振りを目にし、お話を聞ける機会も得てきたことです。私たち日本人はビジネスや文化・芸術、あるいはスポーツや学術研究などの分野で活動を続け、国際交流に従事してきました。アフリカなどの途上国では、開発協力などを通じて現地社会に大きな貢献を続けてきましたし、私が駐在していたモルドバでは、ウクライナ避難民の方々を招いたコンサートの場で日本人アーティストたちのパフォーマンスがひとときの心の安らぎを送り届けたように、文化・芸術分野でも私たちは世界で活躍を続けています。さらに、近年では多くの日本企業が社会奉仕活動に熱心に取り組み、そうした民間部門からの支援は、日本のNGOによる海外での人道支援活動を支える貴重な基盤を提供しています。若い皆さんには、自身の専門分野の知識や技能を高める努力を続けることとともに、こうした先駆者の方々からも多くを学び、吸収しながら、国際交流分野での活躍を目指してほしいと思います。

私自身のことを振り返ると、例えば、東京の外務本省で担当した安全保障や北米との経済問題、環境分野や海洋をめぐる国際会議での交渉など、また、主として海外勤務で対応してきた情報収集や通訳業務、広報活動や文化行事の開催、そして在留邦人や日本人旅行者に対する援護活動など、広範な分野に従事し、これらの課題に対して常に全力で取り組んできたと自負しています。語学力の習得に向けた努力も同様です。英語をはじめとする外国語の能力を身につけるために尽力するのは外交官として当然のことですが、私は研修の機会を得たルーマニアや英語力を磨いたカナダとアメリカの他、ウクライナ駐在期間中にはロシア語を、またケニアではスワヒリ語を学びました。外国語の能力を高めていくことは必ずしも容易ではなく、語彙と文法の学習を中心に毎日その言葉と接することを地道に重ねる必要がありますが、相応のモチベーションを持って努力し続ければ、外国語は必ず習得できます。その結果、外国人との意思疎通のレベルは上がり、現地の人々からの信頼感も増していきます。さらには、言語の習得を通じて独自の文化や歴史に接する機会も拡大するでしょう。世界各地での活動を希望する皆さんには、今や国際語となった英語だけでなく、その他の言語の習得にも挑んでいただきたいと思います。

なお、世の中は私が学生だった頃とは様変わりしています。ネット社会では世界中のニュースが常にライブ放映され、スマホ1台あれば誰もが必要な情報の多くを瞬時に得ることができます。情報通信技術の進歩は今後さらに進んでいくと予想されますが、そのような社会の変革の中では特に、あふれる情報の中から自分に有益な正しいものを選別し、消化していくことがますます必要になっていくと思います。私は、そのような新たな環境の中で自分自身の感覚を磨き、物事を判断するための能力を身につけるという観点からも、若い頃に海外経験を積むことが大きな意味を持つと考えます。それは同時に、異文化の中に身を置いてさまざまなことを吸収しながら、将来に向けて自分自身を見つめる機会にもなるでしょう。

一つ、思い出すことがあります。駆け出し書記官だった頃のこと、ルーマニアについて知識を深めれば深めるほど、近隣の東欧社会主義諸国への関心も高まってきました。大使館での勤務開始から1年が経った1984年の夏、26歳の私は自家用車で自宅を出発、ハンガリー、チェコスロバキア、ポーランド、当時は東西に分断されていたベルリンを含む東ドイツ、オーストリア、ユーゴスラビアの諸国を回って、2週間後にブカレストに戻りました。各国で目にした古都の街並みの美しさなどもさることながら、いずれの国でも、ルーマニアを格段に上回る物資の豊かさに驚きました。「同じ東欧の社会主義国なのに、各国で何がどう異なるのだろう?」。こうして、私の関心は他の東欧諸国の歴史や国民性などにも広がりました。自分の目で見て直に体感することで得た大きな刺激でした。

世界の舞台での活躍を目指す若者の皆さんには、機会があれば外国の異文化の中での実体験を積むことをお勧めします。今では大学など多くの教育機関が留学制度を提供しているほか、ワーキング・ホリデー制度などもあります。国際機関での勤務を目指す方々にはＪＰＯの制度も用意されています。そして、目標に向かってチャレンジしてほしいと思います。どんな分野であれ、新たな課題が現れる度に全力で努力を重ねれば、知識は深まり、以前は見えなかった景色が目の前に広がってきます。たとえ当初期待した結果が得られなくても、それは今後の成長へのチャンスと考えれば良いのです。

私自身、仕事にも、そして趣味のスポーツなどにも、自分が置かれた状況の中で精一杯取り組んできました。分野や年齢には関係なく、どうやら人生というものは常に何かに挑戦していた方が楽しいようです。

真摯にチャレンジを続ける若者に幸運が訪れることを祈ります。

現在のモルドバ共和国の基礎となったモルダビア公国が最盛期を迎えた15世紀後半に約50年間在位したシュテファン大公の像。オスマン帝国を何度も撃退した英雄として知られ、独立記念日を含む主な記念行事はこの場所で開催される（2022年2月。キシナウ市内中央公園）

あとがき

2023年5月、私が生まれ育った広島でG7サミットが開催され、実家にもほど近い宮島の嚴島神社での行事なども含めて、私は一連のイベントを興味深く見守りました。そして何よりも、G7首脳だけでなく、サミット招待国首脳や国際機関の長など多くの要人たちが広島平和記念資料館を訪問し、原爆死没者慰霊碑への献花を行ったことを喜びました。岸田総理大臣と共に資料館を訪問したG7首脳が記帳したメッセージに目を通すだけでも、被爆地広島でのサミット開催が極めて意義深いものであり、平和への願いを改めて世界に発信する機会となったことが胸に伝わってきます。

同じ5月、私も再び歩みはじめました。2022年12月に外務省を定年退職しましたが、わずかでも社会に貢献し続けたいという私の希望を、この本の中でも紹介したピースウィンズ・ジャパン（PWJ）が受け入れてくれたのです。国内外での人道・災害援助や緊急医療支援、さらに保護犬事業および地域再生事業などにも取り組む多彩な分野の専門家たちが、「必要な人々に、必要な支援を！」という思いを共有しながら互いに高め合うという環境の下、私はこれからの日本社会でのNGOの役割のあり方なども含めて勉強を続ける毎日です。

そんな中で気になるのは、やはりウクライナのことです。世界中の多くの人々と同様に、私も、今も続く戦争の悲劇が早く終わり、復興に向けたプロセスが早期に始まることを願わずにはいられません。とりわけ、私は2004年から4年間、現地大使館の参事官として経済・経済協力班長を務めたこともあり、技術開発力や環境・省エネ技術、あるいは細やかな心遣いなどの強みを持つ日本企業の皆さんと一緒に、どのような形で復興支援のお手伝いができるかということについても思いを馳せています。

　私には、30代前半頃からずっと、毎年末に翌年用のビジネス手帳を購入後ただちにメモ欄に記入してきたフレーズがあります。

「Anyone who stops learning is old, whether at twenty or eighty. Anyone who keeps learning stays young. The greatest thing in life is to keep your mind young. (Henry Ford)」

外交活動の現場から、これからはNGOの一員として、私のチャレンジは今後も続きます。

最後に、4人の子どもたちと共に素敵な家庭を築き、常に私を支えてくれた妻・眞理への深い感謝の気持ちを記しておきます。

著者略歴

片山芳宏

かたやま・よしひろ◎1957年11月、広島市佐伯区生まれ。広島県立廿日市高校を経て立命館大学経済学部卒。1980年4月外務省入省。ルーマニアでの2年間の語学研修後はルーマニア、カナダ・トロント、アメリカ・ニューヨーク、ウクライナ、ケニアの大使館、総領事館でさまざまな業務に従事。外務本省では安全保障や地球環境問題、海賊対策を含めた海洋問題なども担当し、交渉責任者として各種国際会議に出席した。2020年1月に駐モルドバ共和国特命全権大使を拝命し、2022年12月帰国。外務省退官後の2023年5月、特定非営利活動法人ピースウィンズ・ジャパンの上席顧問に就任。英語、ルーマニア語、ロシア語を話す。被爆2世。

モルドバ大使からの報告
国際交流分野を志す若者の皆さんへ

2023年11月30日　初版発行

著者	片山芳宏
発行人	田中朋博
企画	山本速
編集	芝紗也加
デザイン	向井田創
校閲	菊澤昇吾　森田春菜
販売	細谷芳弘
印刷・製本	シナノパブリッシングプレス株式会社
発行・発売	株式会社ザメディアジョン

〒733-0011
広島県広島市西区横川町2-5-15
横川ビルディング1階
TEL 082-503-5035　FAX 082-503-5036
en@mediasion.co.jp

※落丁本、乱丁本は株式会社ザメディアジョン販売促進課宛てにお送りください。送料小社負担でお取り替え致します。
※本書掲載写真、記事の無断転写、複製、複写を固く禁じます。

ISBN 978-4-86250-784-6
@2023 Katayama Yoshihiro
Printed in Japan